ペナック先生の
愉快な読書法

読者の権利10ヵ条

ダニエル・ペナック

浜名優美・木村宣子・浜名エレーヌ訳

藤原書店

Daniel PENNAC
COMME UN ROMAN

もくじ

I　錬金術師としての読者の誕生　5

「読む」という動詞は命令形には耐えられない。親が子どもに物語を読み聞かせる。十五分の自由、読書。テレビと読書。若者は本を読むのが好きではない。読書は贈り物。無償の行為。文字の発見。ルソーとヴァレリー。子どもはよい読者。リズムは人それぞれ。読書の喜び。声に出してひたすら読む。再読は愛情の証拠。

II　本を読まなければならない（教義）　65

思春期。義務としての読書のつらさ。『ボヴァリー夫人』。親と先生。本を読む必要。高校生は本を読まない。試験のために読む。学校の役割——読む楽しみを禁じる。母が本を読んでくれる。人生を愛させる。読書は反抗の行為。世界の悪と本。作品の力。教室での朗読——贈り物、先生の書物への情熱。小説は口承から始まる。本はわたしのために書かれている。

III　本を読みたい気持ちにさせる　117

三十五人の高校生。出来の悪い生徒。一〇〇%読書が嫌い。黙読させず教師が教室で小説を朗読する。時速四〇ページ。一年に一、〇〇〇ページの本が七冊。ジュースキント『香水』。小説はまず何よりも作り話である。本との和解に教師が寄与する。持続。孤独な読書。読書の時間——盗まれた時間。地下鉄——最大の図書館。人生の時間を広げる。読者としての幸福。学校教育と文化の混同。読みたかったら読む。

Ⅳ 読者の権利10ヵ条（あるいは読者が絶対に持っている権利） 169

1 読まない権利（1ヵ条） 171

2 飛ばし読みする権利（2ヵ条） 174

3 最後まで読まない権利（3ヵ条） 179

4 読み返す権利（4ヵ条） 183

5 手当たり次第に何でも読む権利（5ヵ条） 184

6 ボヴァリズムの権利（小説に書いてあることに染まりやすい病気）（6ヵ条） 188

7 どこで読んでもいい権利（7ヵ条） 191

8 あちこち拾い読みする権利（8ヵ条） 194

9 声に出して読む権利（9ヵ条） 196

10 黙っている権利（10ヵ条） 202

訳者あとがき 203

〈注について〉

一 原注は＊で示した。

二 訳注は（ ）数字で各章末に示した。なお簡単な訳注は〔 〕に入れた。

ペナック先生の愉快な読書法

読者の権利10ヵ条

小説好きな、本の虫であるフランクラン・リストに。
父の思い出に
またフランク・フリゲの日々の思い出に。

カバー／トビラ絵・よしだみどり

I

錬金術師としての読者の誕生

1

「本を読む」という動詞は「本を読みなさい」という命令形には耐えられないものだ。他の動詞、たとえば「愛する」とか「夢を見る」などと並んで、この「読む」という動詞は命令形への嫌悪感を共有している……

もちろん、いつだって試してみることはできる。さあ、やってみよう。「わたしを愛しなさい！」「夢を見なさい！」「本を読みなさい！」「本を読みなさい！　だから読めって言ってるんだよ！　おい、命令だ、読むんだ！」

——自分の部屋に上がって本を読みなさい！

その結果は？

むだだ。

本を読みなさいと言われた子どもは本を枕に眠り込んでしまった。突然、窓が何かとてもうらやましいものに向かって大きく開いているように見えた。だからあの子は窓から飛び立ってしまったのだ。本から逃れるために。しかし、眠りながらも警戒は怠らない。本はあの子の前にちゃんと開いて置いてある。部屋の扉をほんの少し開けさえすれば、机に向かっておとなしく読書している あの子の姿が見える。わたしたちがどんなに忍び足で階段を上っていっても、眠りは浅いから、わたしたちの足音を聞きつけてしまう。

——それ面白いかな？

あの子は「面白くない」なんて言わない。そんなことをすれば大逆罪になってしまうからだ。本は神聖なものだ。本を読むのが好きになれないなどと、どうして言うことができるだろうか。だからあの子はこう言う。描写が長すぎるんだもん、と。

すっかり安心したわたしたちは、テレビのところへ戻って来る。あの子の意見がわたしたち親同士の白熱した議論の引き金になることもある……

——あの子は描写が長すぎると言うんだ。あの子の言うことも理解してやらないと。確かに現代はAV時代だ。十九世紀の小説家はなんでもかんでも描写しなければ気がすまなかった……

——だからといってページを半分も飛ばしていいっていう理由にはならないわ。

……

むだな努力はやめよう。あの子はまた眠り込んでしまったのだから。

2

わたしたちの世代、育った時代、環境あるいは家庭は、どちらかというと本を読ませないようにする傾向にあっただけに、このような読書嫌いは想像もつかない。

――本を読むのはよせ。そんなことをしてると、目が悪くなるぞ！

――いいお天気なんだから、外で遊びなさい。

――明かりを消しなさい。何時だと思っているんだ！

確かに、当時は、本を読むにはいつもあまりにもよい天気で、夜はあまりにも暗かった。

「本を読みなさい」にしても「読んではいけない」にしても、この「読む」という動詞がすでに命令形で用いられていたことに注意していただきたい。過去においてもそれほど変わるものではない。だから当時は「読む」ことは危険な行為であった。小説を発見することは家族への反抗心をあおることであった。あの二重の喜び！　ああ、毛布にくるまって懐中電灯の明かりで、数々のページに魅了され、何時間も読んで過ごした思い出よ！　実にアンナ・カレーニナ(1)は、夜のあの時間に、ウローンスキーのもとへひたすら馬を走らせていたのだ！　あの二人は愛し合っていた。それだけでもすばらしいことだった。それに彼らは読書を禁止されていたにもかかわらず愛し合っていた。それはもっとすばらしいことだった！　彼らは、両親に反対され、やりかけの数学の宿題や提出しなければならない「フランス語の宿題」があり、散らかしっぱなしの部屋があったけれども愛し合っていた。食事をしないで愛し合い、デザートの前に愛し合い、サッカーの試合よりもキノコ狩りよりもただひたすら二人でいたいと思っていた……　互いに相手を選び、そしてなににもまして二人一緒にいることを望んでいた……　なんと美しい愛！

それなのに、小説はなんと短かったことか。

（1）　ロシアの作家トルストイ（一八二八―一九一〇）の小説『アンナ・カレーニナ』（一八七三―七七）の主人公。ウローンスキーはアンナがモスクワ行きの汽車に乗っていたときの同乗者。

3

本音を言えば、わたしたちはただちに読書を義務としてあの子に押しつけようとは思わなかった。何よりもあの子が喜ぶことだけを考えていた。あの子が生まれてから最初の数年間、わたしたちは幸福の絶頂にあった。この新しいいのちを前に心から感動していたわたしたちに、ある種の才能が与えられた。わたしたちは息子のお抱え物語作者になった。息子が片言の言葉をあやつり始めるとすぐに、いろいろな物語を話して聞かせた。わたしたちにこんな素質があろうとは自分でも知らなかった。息子の喜びはわたしたちの創作意欲を刺激し、息子の幸福はわたしたちにひらめきを与えた。息子のために登場人物をふやし、いろいろなエピソードをつなげ、巧妙にわなをしかけた……トールキン(1)〔『指輪物語』の作者〕が孫たちのためにお話をつくったように、わたしたちは息子のために一つの世界をこしらえた。昼と夜のはざまで、わたしたちは息子の小説家になっていた。

たとえわたしたちにそのような作家の才能がなかったり、他の人がつくった物語を話して聞かせたり、もっと悪いことに、話し方がたどたどしかったり、固有名詞をまちがえて発音したり、いろいろなエピソードをごちゃごちゃにしたり、ある物語の最初と別の物語の最後をくっつけてしまったりしたとしても、……そんなことは大したことではない。また、何一つ話をつくらず、声を出して本を読むだけであったとしても、わたしたちは息子だけの小説家、たった一人の物語作者であって、毎晩、息子は夜の衣にくるまれて眠り込む前に、わたしたちの手で夢のパジャマに着替えるのであった。わたしたち自身が、「本そのもの」だったのだ。

あの時の、かけがえのない親密な関係を忘れないようにしよう。

息子を元気づけるというあの純粋な喜びのために、わたしたちは息子をこわがらせることが大好きだった！　そして息子もまた、あのこわい話をどれほどせがんだことか！　もうとっくにだまされなくなっていたとはいえ、それでもぶるぶるふるえていた息子。あれこそ本当の読者だった。息子は読者、大変ないたずらっ子！　対するわたしたちは本、いつも一緒の仲間！　あの頃のわたしたちは、こんなコンビを組んでいた。

（1）　トールキン（一八九二―一九七三）。イギリスの言語学者、小説家。『指輪物語』（一九五四―五五）は現代におけるファンタジーの古典。

4

要するに、息子がまだ文字を読めない時期に、本についてあらゆることを教えた。無限に広がる空想の世界を開放し、空想の世界と現実の世界を自由に旅行する楽しみの手ほどきをし、同時に何か所にも姿を現すことができるようにしてやり、時間の神であるクロノスから解放し、途方もない読者の孤独に投げ込んだ……　わたしたちが読んでやった物語には、兄弟、姉妹、両親、完璧《かんぺき》な分身たち、守護天使の一団、息子の悲しみをいやす大勢の友だちがひしめきあっていた。けれども、彼らもまた、自分たちの敵である人食い鬼と戦うとき、不安でどきどきしている息子の心臓の中にかくまってもらっていた。息子は読者という天使となっていた。息子がいなければ、彼らの世界は存在しなかったし、彼らがいなければ、息子は自分だけの世界にかたくなに閉じこもったままであった。このようにして息子は、自分の世界に一つの意味を見いだすためには、そこから離れなければならないという、読書のパラドックスの力を発見した。

こうした読書の旅から戻ってくると、息子は黙って一言も話さなかった。それはたいてい朝のことであったが、みんなはそれぞれ別の問題に移っていた。実をいうと、わたしたちは息子が向こうで何を得てきたのか知ろうとはしなかった。息子の方はただ無心に、この神秘にひたっていた。それは言わば息子だけの世界であった。白雪姫あるいは七人の小人のだれかとの一対一の関係は、秘密を要求するプライバシーの領域であった。本を読んだ直後のこの沈黙こそ、読者としての大きな喜びなのだ！

こうして、わたしたちは息子に本に関するすべてを教えた。

息子の読書欲は見事に刺激された。

本を読みたいばかりに、あの子が文字の読み方を覚えたがったことを忘れないようにしよう。

5

教育法に頭を悩ませることがなかった時のわたしたちは、どんなにすばらしい教育者だったことか！

6

さて、思春期に達したあの子は部屋に引きこもって、本を目の前に置いているが、読んではいない。どこか別の場所にいたいという願望のために、開かれているページとこの若者との間に青緑色のついたてができて、文字の列がぼんやりとかすんでいる。彼は閉じたドアを背に、窓の前に座っている。四十八ページ。この四十八ページに達するまでどれだけの時間がかかったか、数えてみる気にはならない。正確にはこの本は四四六ページある。およそ五〇〇ページ。五〇〇ページもある！　せめて会話の部分があったらいいのだが。まったく冗談じゃない！　ほんの小さな余白、綿々と繰り返される真っ黒なパラグラフ、それにところどころにお慈悲のような会話の部分——ある登場人物が別の登場人物に話しかけるのを示す会話のダッシュは、さながらオアシスだ。しかしもう一人の登場人物は返事をしない——それらの小さな余白の間に行が圧縮され、ページの中にいっぱい詰め込まれている。そういう塊が十二ページ続く！　十二ページの黒インク！　息がつまりそうだ！　こんなんじゃ、窒息するぞ！　なんてこった、くそったれ！　彼はののしる。残念だが、ののしるのだ。こんなへなちょこ本などくそくらえだ！　四十八ページ……せめて最初の四十七ページの内容を覚えていたら！　彼は、あとで必ず質問されることも、自分で考える気にはならない。冬の日は暮れた。午後八時のテレビのニュース番組のテーマ音楽が、階下から彼のところにまで聞こえて来る。夕食まであと三十分我慢しなければならない。本は形が小さいが、実に中身が濃い。だからすぐに読めるわけではない。それに燃えにくいらしい。というよりページの間に火がまわらない。酸素が足りないのだ。あらゆる考えが余白に浮かんで来る。ところが彼の余白の世界はとてつもなく広い。分厚くて小型で密度が濃くて鈍器にもなるもの、それが本。四十八ページと一四八ページでは、どれだけの違いがあるというのか。状況は同じだ。彼は本のタイトルを発音する先生の唇をまざまざと思い出す。友だちみんなが声をそろえて質問するのを聞いている。

——何ページあるんですか。

——三〇〇か四〇〇ページですね……

（このうそつき……）

——いつまでに読むんですか。

運命の日が発表されると、いっせいに抗議の声があがる。

——二週間？　四〇〇（五〇〇）ページを二週間で読むなんて！　先生、絶対できっこないですよ！

しかし先生は交渉に応じない。

本、それは鈍器にもなるもの、永久不滅の塊。本、それは退屈を絵に描いたようなもの。それが本。「本」。彼は作文の中で「本」以外の言い方をしたことがない。本というもの、ある本、たくさんの本、すべての本。

「パスカル[1]が彼の本である『パンセ』で述べていることは……」

それは正しい名称ではないとか、小説、エッセイ、中編（短編）小説集、詩集と言うべきであるとか、「本」という言葉はそれ自体、すべてを指し示す能力があるにもかかわらず、正確なことは何も表さないとか、辞書や旅行案内書や切手帳や家計簿と同じく、電話帳は本であるとか、いくら先生が赤インクで直しても……むだだ。

どうにもならない。次回の作文で再びこの言葉はペン先からさらさらさらと流れ出す。

「フロベール[2]が彼の本である『ボヴァリー夫人』で述べていることは……」

なぜなら、現在の彼の孤独からすれば、本は本なのだ。さらに各々の本は、最近まで子どものお尻の下に何冊か置いて、食卓に届くようにしていた、あの厚紙装丁の百科事典くらいの重さがある。

各々の本は、うんざりさせるだけの重さがある。つい先程まで彼は椅子にわりあい気楽に座っていた——彼の晴々とした決心を物語るように。しかし何ページか進むと、彼は、この慣れてはいるけれども痛みをともなう重さ、本の重さ、退屈の重さ、実らない努力の耐えがたい重さが、じわじわと広がっていくのを感じた。

瞼《まぶた》は重くなって難破が間近に迫っているのを彼に告げる。
四十八ページ目の暗礁が、彼の決心線の下に浸水口を開けた。
本が彼を引きずり込む。
本も彼も沈没する。

（1） ブレーズ・パスカル（一六二三—六二）。フランスの哲学者、数学者、物理学者。『パンセ』の名で知られる遺稿は、「キリスト教弁証論」のための断片的な覚書。
（2） ギュスターヴ・フロベール（一八二一—八〇）。フランスの小説家。『ボヴァリー夫人』（一八五七）は堅固な文体と構成の緊密さを持つリアリズム文学の代表作。

7

その間にも、階下では、テレビのまわりで、いかにテレビが人を堕落させるかについての論議が賛同者を集めている。

――テレビ番組ときたら、ばかげていて、下品で、暴力ばかり……まったく信じられないよ！テレビをつけると、いつだって……

――日本製のアニメときたら……　日本製のアニメ一つでも見たことあって？

――単に番組の問題だけじゃないよ……テレビそのものが問題なんだ……あの安易さ……見る者の受動性……

――そう。スイッチを入れて。テレビの前に座り……

――リモコンでチャンネルをあちこち変える……

――なんて落ち着かないの……

――少なくともコマーシャルは避けられるさ……

――だめ、だめ。あの人たちは同じサイクルで番組を作ってるんだから。コマーシャルを消したつもりが別のコマーシャルに出くわすのよ。

——同じコマーシャルの時もある！

そこで、沈黙。突然、わたしたちの大人としての意識が目もくらむほどにきらきら輝いて、「合意の成立する」領域の一つを発見。

その時、誰かが小声で、

——本を読むっていうのは、あたりまえのことなんだけど、テレビとは別ですよ。読むことは行為なんだ！

——まったくそのとおりだ。今言ったこと、読むことは行為である、「読むという行為」、まさにお説ごもっとも……

——それにくらべるとテレビは、いや映画だって、よく考えてみると……フィルムの中にすべてが示されているから、自分の力で手に入れるものは何もないし、監督の意図が理解できないような場合にも映像、セット、サウンド、ＢＧＭ、全部あらかじめお膳立てができていて……

——ドアがギーッと音をたて、恐怖の時がきたことを知らせる……

——本を読む場合だとそういうことをすべて「想像」しなくちゃならない……　読書は絶えざる創造行為なんだ。

再び沈黙。

（「絶えざる創造者」について話が開始）

やがて、

――わたしがショックなのは、学校のフランス語の授業時間数と比較して、子どもがテレビの前で過ごす平均時間数ね。そういう統計を見たのよ。

――それっておどろきですよね！

――一対六ないし七の割合。映画を見る時間は計算に入れていない。自分の子どもについては言いませんが、子どもがテレビの前で過ごす平均時間――最低の平均値は朝晩二時間で、週末の土日は八時間から十時間です。合計で約三十六時間テレビを見ているのに、フランス語は週五時間なんですよ。

――完全にテレビの勝ちね。

三度目の沈黙。

底無しの深淵のような沈黙。

8

これまでにも、やろうと思えば、多くの問題点を指摘して、本と若者の距離を測ることができただろう。

わたしたちは若者が本を読まないことに関する問題点を一つ残らず述べてきた。

たとえば、テレビが唯一の原因ではないということ。

本の読者としてのわたしたちの子どもの世代とわたしたちが若かった頃との間の数十年は、実際には何世紀ものギャップがあること。

その結果、精神的には、若き日のわたしたちと親との関係よりも、現在の自分と子どもたちとの関係のほうが近いと感じていても、知的な面では、わたしたちは自分たちの親に近いところにいたということ。

（ここで、二つの副詞「精神的に」と「知的な面で」についての議論と検討と説明。新たな副詞で加勢）

——心情的に近いって言うほうがいいかも。

――現状的？

――現状的なんて言ってません。心情的って言ったのよ。

――言い換えると、わたしたちは心情的には子どもたちに近いが、現状的には自分たちの親に近い。そういうこと？

――これは一つの「社会現象」ですよ。「社会現象」の蓄積は次のように要約できます。われわれ自身はわれわれの親の子どもでしかなかったが、われわれの子どもは子どもたち自身の育つ時代の息子や娘でもある。

――……？

――そうよ、かつて若者は社会のお客様ではなかったわ。商業的に言っても文化的に言っても大人の社会だったんですもの。洋服も共同、食事も共同、文化も共同、弟はお兄さんのおさがりをもらって、わたしたちはいつも同じ時間に、同じテーブルで、同じメニューを食べて、日曜日には同じ道を散歩して、テレビは一つしかなく、いつも同じチャンネルを家族で見なきゃならなくて（それにしても今のものよりずっとよかった……）、読書について言えば、親の唯一の心配事は、ある種の題名の本を子どもの手の届かない棚に置くことだったわ。

――もう一つ前の世代、つまりおじいさん、おばあさんの世代は、娘が本を読むことは無条件に禁止されていたね。

――ええ、そのとおりよ。とくに『空想、家の中の気違い女』なんていう小説を読むことは、結婚によくないからって……

――それにくらべて現代は……若者は完全に社会のお客様だ。社会が若者に服を着せ、気晴らしをさせ、食べ物を与え、教育する。マクドナルド、ウエストン〔靴のブランド〕、シュヴィニョン〔ブルゾンを始め若者に人気のあるブランド〕の花盛りだ。わたしたちはダンスパーティーに行ったものだが、彼らはディスコだ。わたしたちは本を読んだが、彼らはカセットを楽しむ……わたしたちはビートルズを聞きながら、友だちと気持ちを一つにするのを好んだが、彼らはウォークマンの自閉症的世界に閉じこもっている……　これも信じられないことだが、一部の地域全体が若者に独り占めされてしまって、都会の広大な土地は、若者があてもなくうろつくためのものとなっている。

ここで、ボーブール〔パリのポンピドゥー・センターのあるところ〕に言及。

ボーブール……

野蛮なボーブール……

ボーブール、幻想がひしめき、ボーブール、若者がぶらぶら歩き、麻薬と暴力がさまよう……ボーブール、RER〔首都圏高速鉄道網〕のぽかんと大きく開いている入り口……レ・アールの穴(1)!

――フランス最大の公共図書館のお膝元に、読み書きのできない連中があふれているってわけね!

再び沈黙……最もすばらしい沈黙の一つ、「パラドックスの天使[2]」の沈黙。

——おたくのお子さんはボーブールへはよくいらっしゃるの？

——めったに行きませんわ。幸いなことに十五区[3]に住んでいるものですから。

沈黙……

沈黙……

——要するに、彼らはもう読まないんですよ。

——そうなんですね。

——もっとも、あれこれ言って励ましすぎました。

——そのようですね。

（1）パリの中央市場跡の地下につくった商業センターは、最新流行の服装を身につけた若者たちがよく集まるところである。現代美術、現代音楽、図書館のあるポンピドゥー・センターはセバストポール大通りを隔ててある。

（2）ふと会話がとぎれ、しんと静まりかえったこと。

（3）パリ市第十五区や第十六区は高級住宅地であり、ボーブール地区（第四区）からやや離れている。

9

これがテレビの批判、あらゆる種類の消費の批判でなければ、エレクトロニクスの氾濫《はんらん》に対する批判になる。コンピューターゲームの責任でないとしたら、学校の責任である。非常識な読書の学習、時代錯誤の授業内容、無能力な教師、教室の老朽化、そして図書館の不足。

その他には何があるか。

そうそう、文化省の予算……　情けないことといったら！　雀の涙ほどの予算の中で「本」に充てられているのは蚊の涙ほどなのだ。

このような状況の中で、息子に、娘に、子どもたちに、若者に、どういうふうに本を読んでもらいたいのだろうか。

——もっとも、フランス人は、ますます本を読まなくなっていますが……

——おっしゃるとおりです。

10

わたしたちの話題はこんなふうに展開し、事柄の不透明さに対してつねに言葉が勝利を収め、明敏な沈黙は包み隠すどころか反対に多くを語る。用心深く、いろいろな情報を得ているわたしたちは時代にだまされることはない。世界全体はわたしたちが語る事柄のなかにあり——またすべてはわたしたちが包み隠すものによって照らし出される。わたしたちは自覚している。というよりも、わたしたちは自覚への熱意を持っている。

それでは会話を交わしたあとのこの何となく悲しい気分、静まり返った家のこの夜更けの沈黙は、いったいどこから来るのだろうか。食事の後片付けをしなくちゃならないからなのか。それだけではなく……家から少し行ったところ——赤信号で、友人たちも同じ沈黙にとらわれている。明晰《めいせき》の酔いが醒めたあと、パーティーの帰りに赤信号で止まっている車に乗っている夫婦をわたしたちと同じ沈黙がとらえるのだ。これは二日酔いの後味のようなもので、麻酔から覚醒するとき、意識がふたたびゆっくり戻るとき、正気に返るとき、そしてわたしたちが言ったことは本心からではないというなんとなくつらい気持ちに似ている。実はわたしたちは間違っていたのだ。

その他すべては、確かにあったし、議論は正論であった——その意味では、わたしたちは正しかった——が、実はわたしたちは間違っていた。またもや一晩が明晰という麻酔の犠牲になったことは疑いの余地がない。

こんな具合に……人は自分の家に帰ると思い込んでいるが、実は自分に立ち帰るのである。先ほど食卓でわたしたちが言っていたことは、心のなかで思っていたこととは正反対であった。わたしたちは本を読むことが必要だと話していたが、実は、部屋に引きこもってはいるが本を読んではいないあの子に近かったのだ。時代のせいであの子が読書を好まない理由をいくつも挙げたが、わたしたちはあの子とわたしたちを隔てている本という城壁を突き抜けようとしていたのだ。わたしたちは本について話していたのに、あの子のことだけ考えていたのだ。

あの子は何一つ解決せずに一番最後に食事に下りてきて、一言の言い訳もしないで若者の重そうな体を食卓につかせ、会話に加わる努力をいっさいせずに、結局はデザートを待たずに、

——ごめんなさい。本を読まなくちゃいけないので！

と言って立ち上がる。

11

親密さが失われ……

この不眠症の初めにもう一度考え直してみれば、あの子が小さかった頃、毎晩、ベッドの脇で本を読むというあの儀式――決まった時間に、いつも変わらぬしぐさで――は、ちょっとお祈りに似ていた。昼間の喧騒《けんそう》のあとの突然の休戦、あらゆる日常茶飯事を離れた再会、お話の最初の一言を始める前の静まり返った沈黙の瞬間、最後にいつもと同じわたしたちの声、さまざまなエピソードの典礼……なるほど、毎晩読むお話は祈りという最も美しい機能、このうえなく無私無欲の、最も思弁的でない、人間にしかかかわらない機能、つまり罪の許しを果たしていた。そこではいかなる過《あやま》ちの告白も行われず、永遠という分け前に与《あず》かろうとすることはなかった。それはわたしたちの間では、一体感の感じられる瞬間であり、テクストからの赦免《しゃめん》であり、親密さという唯一の天国への回帰であった。知らないうちに、わたしたちは物語の基本的な機能の一つを、そしてもっと広く言えば芸術一般の基本的な機能の一つを発見していた。それは人間の戦いに一時休戦を強いることである。

本を読んでやることで愛情は新しい殻に脱皮していた。
それは無償の行為だった。

12

無償。確かにあの子は本を読んでやることをそのように理解していた。プレゼントだと思っていた。特別な瞬間だった。どんなことがあっても、夜お話を読んでやるとあの子は昼間の重圧から軽くなったものだ。わたしたちはあの子の繫留《けいりゅう》を解いてやった。あの子は非常に身軽になって、風とともに進んでいった。そして風は、わたしたちの声だった。

この旅の費用として、あの子には何も、たった一円さえも要求しなかった。ほんのわずかの代償も要求しなかった。それは報酬ですらなかった。（ああ！　報酬……報いられるにふさわしいことをどれほど示さなければならなかったか！）ここでは、何もかも無償の国で起こったのだ。

無償。これこそ芸術の唯一の貨幣である。

13

わたしたちが時代とテレビ――たぶん消すのを忘れた――を非難することによってあの子のことを理解（言い換えれば安心）しようと努めていたときに、あの小さい頃の親密さと、絶壁としての本に対して依怙地《いこじ》になっている今のあの子の間に、いったい何が起こったのか。

テレビのせいなのか。

二十世紀はあまりにも「視覚的」なのか。十九世紀はあまりにも描写的なのか。そして十八世紀はあまりにも理性的、十七世紀はあまりにも古典的、十六世紀はあまりにもルネサンス的、プーシキン(1)はあまりにもロシア的、ソフォクレス(2)はあまりにも古すぎるのではないか。あたかも人間と本との関係は間遠《まどお》になるために何世紀も必要であったかのようだ。

数年だけで十分だ。

数週間で十分。

誤解の時代。

あの子のベッドの脇で、赤ずきんちゃんの赤い服を始め、赤ずきんちゃんの持っている籠《かご》の中身、森の奥深さ、奇妙にも突然毛むくじゃらになったおばあちゃんの耳、挿錠《さしじょう》や止め木など細かなディテールに至るまで話してあげたときに、わたしにはあの子がわたしたちの描写を長すぎると思っていたという記憶がない。

あれから何世紀も過ぎたのではない。しかし人は「本を読まなければならない」という侵すべからざる原則によって、人生と呼ばれるこの瞬間に永遠の外観を与えるのだ。

（1）プーシキン（一七九九―一八三七）。十九世紀ロシア最大の詩人で、ロシア国民文学の創始者。作品に『エウゲニー・オネーギン』『スペードの女王』など。

（2）ソフォクレス（紀元前四九六頃―前四〇六）。アイスキュロス、エウリピデスとともに古代ギリシア三大悲劇詩人の一人。代表作に『アンティゴネ』『オイディプス王』がある。

14

お話を読むときも他のときと同じように、人生はわたしたちの喜びが浸食されることで示された。あの子のベッドの脇で一年お話を読む。それはなるほど喜びだ。二年、それもよし。三年もなんとか喜びだ。一晩に一つの話として、一、〇九五の話になる。一、〇九五、これは大変な数だ！　それにお話の時間は十五分だけだったらいいのだが……物語の前に十五分がある。今夜はいったいどんな話をあの子にしてやれるだろうか。何を読んであげようか。

わたしたちは何を読むか思いつくのにかなり苦労した。

初めは、あの子がわたしたちを助けた。あの子がお話に感嘆してわたしたちに要求していたのは、何か一つのお話ではなく、いつも同じ話だった。

――またか、もう一回「親指小僧[1]」の話か！　あのねえ、お話は「親指小僧」だけじゃないんだよ、他にも……

だが「親指小僧」の話ばかりだった。

あの子の森に親指小僧だけが住んでいたしあわせな時期をいつかわたしたちが懐かしく思うな

どということは考えられなかった。あの子に多様性を教え、選択の余地を与えたことをもう少しで後悔するところだ。

――そのお話は、だめ、だってそれはもう話してくれたよ！

どの話を選ぶかという問題は、毎日頭を離れない問題にならないまでも、骨の折れる仕事だ。それでも簡単な解決法がある。つまり次の土曜日に子どもの本の専門店に出掛けていって、児童文学の動向を探ることである。土曜日の朝になると、わたしたちはその次の土曜日に延ばしたものだ。あの子にとってこのうえなく楽しい期待でありつづけたものは、わたしたちにとって家庭の心配事になっていた。ささいな心配事だったが、ほかのもっと大きな心配事にプラスされた。あまり大事ではないにせよ、まったく大事ではないにせよ、喜びの後にやってきた心配事は注意深く監視しなければならない。だがわたしたちはそれを監視しなかった。

わたしたちは自らの反抗期を経験した。

――どうしてぼくなんだ？　なぜきみじゃないの？　今夜は、悪いけど、あの子に話を読んでやるのはきみの番だ！

――あたしにはまったく想像力がないって知ってるくせに……

機会がある度に、わたしたちはあの子のために別の人に代わって読んでもらった。従兄弟、従姉妹、ベビーシッター、たまたま立ち寄ったおばさんなど、これまであの子が聞くことのなかった声に代わってもらった。この代理人は本を読むことに魅力を感じていたが、些事《さじ》にこだわる聴衆としてのあの子の要求に直面してたいていは幻想を捨てた。

――おばあちゃんの返事はそうじゃないよ！

恥ずかしいことだが、わたしたちもまた策略を用いた。あの子がお話をとても大事にしていた気持ちを、一度ならずわたしたちは取引の材料にしたい気になった。

――そんな態度なら、今夜はお話はなしだよ！

この脅しはめったに実行されなかった。怒った顔をするとかデザートをあげないといったことは大したことではなかった。お話をしてやらずにあの子を寝かせることは、あの子の一日を真っ暗な夜に沈めることだった。またあの子にふたたび会わずに別れることだった。あの子にとっても、わたしたちにとっても、許しがたい罰だった。

それでもやはりこの脅しをわたしたちは口にした……しかし本気ではなかった……それは本を読んでやることに嫌気がさしたことの婉曲《えんきょく》な表現だった。一度だけでもこのお話の十五分を別のこと、たとえば何か急いで片付けなければならないことや静かな時を過ごすこと、ただ単に……自分のための読書に使いたいという気持ちの表れだった。

わたしたちのなかにいる物語作者は、すでに息切れしていて、松明《たいまつ》リレーの火を他の人に今にも渡すところだった。

（1）『グリム童話集』の話で、子のない百姓夫婦が、親指くらいでもいいから子どもが欲しいと望むと、そのとおりの子どもが生まれた。

15

ちょうどいいときに学校が始まった。

学校が未来を引き受けた。

読むこと、書くこと、計算すること……

初めは、あの子は読み書きにほんとうに熱中した。

縦の線、巻き毛や丸のかたち、小さな橋のかたちが集まると字になること、それはすばらしいことだった！　それに文字が一緒になると音節をつくり、この音節が塊ごとに単語をつくる。こういうことにあの子はほんとうに驚きっぱなしだった。しかもそういう単語のうちのいくつかがあの子の聞き慣れたものであったことは、魔法みたいだった！

たとえば、「おかあさん」。横の棒、縦の棒、巻き毛、点などが組み合わさると、結果として一つの言葉「おかあさん」になる。これがどんなにか驚嘆すべきことだったか！

この事態を想像してみなければならない。あの子は早く起きた。母親に連れられて、家を出た。ちょうど、秋の小ぬか雨のなか（そう、新学期は秋の小ぬか雨、放置された水槽の濁った明かりだったが、天気のことはけちけち言わないようにしよう）、あの子はまだベッドのぬくもりに包まれたまま学校に向かって行った。口にはミルクココアの後味が残り、自分の頭の上にある母親の手にしっかりつかまって、せっせと歩き、母親が一歩歩くところを二歩歩き、ランドセルが背中で左右に揺れる。すると学校の門だ。せわしげな別れのキス、コンクリートの中庭、黒くなったマロニエの木、始業のベルが鳴る……あの子は大きな庇《ひさし》の下に入るか、ただちにクラスの仲間に加わる。それは場合によりけりだ。そのあと、子どもたちはみんな非常に小さな机に座って、不動の姿勢で黙っている。体のすべての動きは天井の低い回廊のなかで、つまりノートの罫《けい》線のなかでペンを動かすことだけに集中せざるをえない。歯をくいしばり、指はぎこちなく、手首は動かないようにして……丸い線、縦の線、横の線、巻き毛を書く……今、おかあさんから離れて、努力と言われるあの奇妙な孤独に浸って、歯をくいしばって頑張っている他の孤独な子どもたちに囲まれて……こうして最初の文字の組み立てをする……あいうえおの「あ」……「せ」……「れ」（これはやさしくない。「れ」にはあのねじれがあるが、「わ」をまるめること、「を」の巻き毛が出てくる信じられないほどこんがらがっているのに比べればやさしい……）すべて難しいが、なんとか一つずつ困難を乗り越えて……一つずつの文字が互いに磁石でくっつくみたいになって、ついには文字がひとりでに音節の一団になり……「おか」の線……「さん」の線……そして今度は音節が……

要するに、ある朝、またはある午後、食堂の喧騒《けんそう》でまだ耳がぶんぶん鳴っているときに、目の前にある白い紙の上に「おかあさん」という単語が黙って出現するのを目撃する。あの子は、もちろん、その単語を黒板ですでに見たことがあった。何度もそれがわかった。だが、今自分の目の前で、自分の指で書いている……

初めは覚束《おぼつか》ない声で、五つの音節をたどたどしく区切って、発音する。お―か―あ―さ―ん。

そして、突然、一気に

――おかあさん！

この喜びの声は、考えられる知的な旅のうち最大の旅の実現、言わば月への最初の一歩のようなもの、まったくでたらめな字を書くことから最も感動的な意味のあるものへの移行を表している！　横の棒、縦の棒、丸い巻き毛、点などを書いていくと……おかあさんになる！　それがそこに、あの子の目の前に書かれているが、それが花開いたのはあの子のなかになのだ！　それは音節の組み合わせではない。単語ではない。概念ではない。だれかのおかあさんではない。あの子自身のおかあさんだ。最も忠実な写真よりもはるかに雄弁な魔術的変換。小さな線でしかないが、その小さな線が……突然――そして永久に――線そのものであることをやめて、何者でもないことをやめて、あのおかあさんの姿、あの声、あの匂い、あの手、あの膝、あの無数のディテール、おかあさんのすべてになる。教室の四方の壁に囲まれて、そこ、ページの罫線というレールの上に書かれているものとはまったく関係のない、しかもまったく絶対的なものになる……賢者の石(1)だ。

それ以上でもないし、それ以下でもない。
あの子は賢者の石を発見したところだ。

（1）「賢者の石」は錬金術において最も重要な役割を演じた空想的産物で、卑金属から貴金属をつくる際の最高の動因である。

16

子どもがこのように変貌《へんぼう》することから治ることはない。このような旅から無傷のまま帰ることはない。読む喜びは、たとえ読む者に知られていないとしても、あらゆる読書を支配している。また読む喜びは、その本性そのもの――錬金術師としての喜び――からして、テレビの映像も、毎日雪崩《なだれ》のごとく見られる映像も、何一つ恐れない。

しかし読む喜びがなくなったとしても（よく言われるように、息子や娘や若者が読むのが好きではないとしても）、読む喜びははるか遠くに消えたのではない。

ちょっとだけ置き忘れたのだ。

見つけるのは簡単だ。

それにしてもどの道を通って読む喜びを探しに行くか知らなければならないし、またそのためには、若者に関して近代が生み出したさまざまな結果と関係のないいくつかの真理を列挙しなければならない。わたしたちにしか関係しないいくつかの真理……「本を読むのが好き」と言い、この本に対する愛情を若者に分け与えようとするわたしたち。

17

したがって、感嘆の衝撃を受けて、あの子はかなり得意そうに、というよりもしあわせな気持ちで学校から帰ってくる。インクのしみをまるで勲章《くんしょう》のように見せびらかす。四色ボールペンの蜘蛛の巣はあの子を誇りで飾る。

学校生活の最初の責苦、つまり一日が異常に長いこと、先生の要求、食堂のうるささ、初めての心のときめき……などを埋め合わせる幸福。

あの子は家に着き、かばんを開けて、自分の手柄を示すノートを広げ、このうえなく貴重な単語を書き直す（それが「おかあさん」でない場合には、「おとうさん」であったり「あめ」であったり「ねこ」であったり自分の名前であったりする）。

町に出ると、あの子は大きな広告の文字を根気よく読みつづける……「トヨタ」「パルコ」「コカコーラ」「ほっかいどう」など単語が天から降ってきて、たちまち声に出して読む。

――「白い―ものを―より―白く」、「しろいものをよりしろく」ってどういう意味？

洗剤のブランドさえもあの子の解読しようという情熱に逆らうことはない。

というのは本質的な問題の鐘が鳴ったからだ。

18

わたしたちはこの熱狂に分別を失わされてきたのか。子どもが本を完全に自分のものにするには単語を楽しむだけで十分だとわたしたちは信じてきたのか。読み方を習うことは、歩くことや言葉の学習――要するに人類のもう一つの特権――と同じように、ひとりでにできることと考えてきたのか。いずれにしても、読み方を教える時期は、夜本を読んでやることを終わらせるためにわたしたちが選んだのである。

学校があの子に文字を読むことを教え、あの子は文字を読むことに熱中した。それはあの子の人生の転機、新たな自立、最初の一歩のもう一つの道であった。これこそわたしたちが実際に口に出して言わなくても、漠然《ばくぜん》と、心のなかで思っていたことだ。それだけにこの出来事はわたしたちには「自然なこと」に見えたし、調和のとれた生物学的発展の一段階と見えた。

今あの子は「成長した」。ひとりで文字を読むことができるようになったし、記号の領土内をひとりで歩けるようになった……

そしてついに十五分の自由をわたしたちに返してくれた。

真新しいあの子の誇りはわたしたちの言うことに反対するためには大したことはしなかった。あの子はベッドにもぐりこみ、『ぞうのババール』[1]を膝のうえに大きく広げ、眉間《みけん》にしわをつくっていた。あの子は本を読んでいるのだ。

このパントマイムを見て安心したわたしたちは、子どもがまず初めに学ぶことは、読む行為ではなくて読んでいるふりであり、またこのこれみよがしの態度が学習を助けることがあるとすれば、それはまず初めは、自分自身を安心させるためであり、同時にわたしたちの歓心《かんしん》を買うことだということをわたしたちは理解せず——あるいはそのことを認めようとせずに、あの子の部屋を出たものだった。

（1） ブリュノフ作の二十世紀フランスの絵本の古典で、政治的風刺がある（邦訳、評論社）。

19

だからといって、わたしたちは親の名に値しない親になったわけではない。わたしたちはあの子を学校に任せっきりにしたわけではない。反対に、あの子がだんだん進歩していくのを注意深く見ていた。担任の女の先生はわたしたちのことをすべての会合に出席し、「対話に率直に応じる」熱心な親と認めていた。

わたしたちは新入生のあの子が宿題をするのを手伝った。それに、あの子が文字を読むのに息切れしている最初の徴候《ちょうこう》を示したときには、あの子が毎日読む本の一ページを声に出して読み、その意味が理解できていることを断固として要求した。

必ずしも簡単ではなかった。

一つ一つの音節をはっきりと発音するのに苦労していた。

音節を組み立てる努力そのものに際して単語の意味が失われた。

文の意味は単語の数のせいで雲散霧消《うんさんむしょう》した。

後戻りする。

やり直す。

何度も何度も。

――それで、今何を読んだのかな？　それはどういう意味かな？

しかもそれは一日の一番悪いときに行われた。たとえば学校から帰ったときや、わたしたちが仕事から帰ったときだ。あるいはあの子が一番疲れているときや、わたしたちの体力が落ち込んでいるときだ。

――おまえは全然努力しないじゃないか！

いらいら、大声、派手なあきらめ、ドアをばたんと閉める音、あるいは強情。

――全部やり直しだ。全部初めからやり直せ！

こうしてあの子は初めからやり直した。一つ一つの単語は唇の震えのために歪んでいた。

――うそ泣きはやめなさい！

しかしこの悲しみはわたしたちをだまそうとしてはいなかった。本物の、抑えようのない悲しみだった。それは、まさに、もはや何も自分の手に負えなくなり、わたしたちを満足させる役割を果たすことができないという苦痛を語っていた。この悲しみはまたわたしたちのいらいらよりもわたしたちが心配することから生まれていた。

というのはわたしたちは心配していたからだ。

心配はあの子を同じ年頃の他の子どもとすぐに比較することから生まれた。

また誰か友人の意見を聞くことから心配が生まれた。とんでもない、うちの娘は学校では非常にうまくいっている。そうだよ、むさぼるように本を読んでいるよ。

うちの子は耳が聞こえないのだろうか。読字障害かもしれない。「登校拒否」になるのか。治りようのない知恵遅れになっているのか。

あちこちに診察を受けに行く。聴力検査はすべて正常だ。発音矯正士《きょうせい》の診断は安心感を与えた。心理学者は平静だった……

それでは？

うちの子は怠け者なのか。

ただ単に怠け者なのか。

そうではなく、あの子はあの子なりのリズムで進んでいたのだ。それだけのことだ。このリズムは必ずしもよその子のリズムではないし、また必ずしも人生の画一的なリズムではない。新米読者としてのあの子のリズムであり、それは加速することもあれば突然後退することもあり、大食症の時期もあれば食後長い昼寝をすることもあり、前進したいという気持ちでもあり、親をがっかりさせるのがこわいという気持ちでもある……

ただ、わたしたち「教育者」は矢継ぎ早に催促する高利貸しなのだ。「知識の保持者」たるわたしたちは、知識を高利で貸しているのだ。それが利益を生まなければならない。しかも早く！そうでなければ、わたしたちは自分自身を信用しなくなってしまうのだ。

20

よく言われるように、息子や娘や若者が本を読むのが好きではないとしても——それにしてもこの「好き」という単語は適切だ。まさに問題は愛情の傷なのだから——テレビや現代や学校を非難すべきではない。あるいはもしよければこれらすべてを非難すべきなのだが、ただ次のような基本的質問をみずからにした後でのみだ。わたしたち自身が物語作者と本の役割を同時に楽しんでいたときに理想的な読者であったあの子をどうしたのか。

この裏切りの大きさ！

わたしたち、つまり子どもと本とわたしたちは、毎晩和解した三位《さんみ》一体をなしていた。今あの子は、敵意のある本を前にして、自分がただ一人であることを知る。

わたしたちの読む文章の軽やかさはあの子を重圧から解放していた。今は解読できない文字がいっぱいあるために夢の誘惑までも息がつまる。

わたしたちはあの子が立って歩く手ほどきをしたが、今あの子は努力という茫然《ぼうぜん》自失《じしつ》に押しつぶされている。

わたしたちはあの子をどこにでもいられるようにしたが、今あの子は自分の部屋、自分の教室、自分の本、何か一行、何か一つの単語にとらわれている。

それではいったいあの魔法のような登場人物はみんなどこに隠れているのか、あんなにも多くの悪者たちにあんなにも追い回されて、あの子に助けを求めることで存在の不安の重荷を軽くしてくれたあの兄弟たち、あの姉妹たち、あの王様たち、あの女王様たち、あの主人公たちは、どこに隠れているのか。あの人物たちは文字と呼ばれる乱暴に押しつぶされたインクの痕《あと》と関係があるというのか。あの半神たちはこれほどまでに小さく砕かれて、印刷の記号にされてしまったというのか。そして本はこの物体になってしまったのか。なんと不思議な変貌か！　魔術の裏返しだ。あの子の主人公たちとあの子は押し黙ったままの本の厚みのなかで一緒に息をつまらせている！

それに、先生と同じように、あの投獄される夢からあの子を解放させようとするパパとママの執念は、何でもない変貌ぶりではない。

——それで、王子様には何が起こったのかな？　答えを待っているよ！

こういう両親が、あの子に本を読んでやっていたときには、眠れる森の美女は紡《つむ》ぎ針で指を刺したので森で眠っているのだということや、白雪姫はりんごをかじったから白雪姫なのだということをあの子がちゃんと理解したかどうか知ることなど決して気にもしていなかったのだ。（もっとも、最初のうち、あの子は、ほんとうには、理解していなかった。こうしたお話には、たくさんの不思議なこと、多くのきれいな言葉、感動することがいっぱいあった！　あの子は自分の好きな話の一節を待つことに専念し、そのときが来ると自分でその話を暗唱したものだ。そのあと、もっとわかりにくい、あらゆる謎がからまっている別の一節がやって来たが、少しずつすべてを理解していった。ほんとうに全部を理解し、眠れる森の美女が眠っているのは紡ぎ針のせいで、白雪姫はりんごのせいで死んだということを完全にわかっていた……）

——質問をくりかえすよ。「おとうさんが王子様をお城から追い出したとき、王子様には何が起こったのかな？」

わたしたちはしつこく質問する。ちくしょう、この十五行の中身がわからなかったなんて考えられない！　たった十五行だぞ、こんなのは海を飲み干すわけじゃない！

わたしたちはあの子の物語作者だったが、今は会計係になってしまった。

——そういうことなら、あとでテレビはないよ！

その通りだ……

なるほど……テレビはごほうびになり……それとともに、本を読むことは苦役《くえき》になってしまった……この新しい思いつきはわたしたちのものだ……

21

「読書は子どもの時代の災厄《さいやく》であり、しかも、人が子どもに与えることを知っている、ほとんど唯一の仕事である。（……）子どもは、自分にとっての責め道具に上達しようという気にはあまりなれないものである。しかし、この道具が子どもの楽しみに役立つようにしてみなさい。そうすれば、やがて、あなたがたが反対しても、これに専念するようになる。

わたしたちは文字の読み方を教える最善の方法を見つけだすことを大問題にし、文字箱や文字カードを発明し、子ども部屋を印刷工場にしてしまっている。（……）なんとあわれなことだ！　こうしたものよりもずっと確実な方法、しかも人がいつも忘れている方法は、学びたいという欲望なのだ。この欲望を子どもに起こさせなさい。次に、あなたがたの文字箱（……）を放っておきなさい。どんな方法でも子どもの役に立つものである。

現在における利害、これこそは子どもを確実に、遠くまで連れていく大きな動機、唯一の動機である。

（……）

ただ一言だけつけ加えたい。それは重要な行動基準をなすもので、通常、人がきわめて確実に、しかも非常に早く獲得するのは、獲得することをいささかも急いでいない事柄であるということだ。」〔ルソー『エミール』第二篇、『ルソー全集』第六巻、樋口謹一訳、白水社、一四〇ページ以降〕

わかった。わかった。ルソーは発言する権利がないにちがいない。無用なものと一緒に大切な子どもを捨てたあの人には(1)！（ばかな繰り返しだ……）

それでも……ルソーはちょうどいいときに介入し、「文字が読める」ことに大人がこだわるのはなにもついこの間のことではないということをわたしたちに思い出させてくれる……　また学びたいという気持ちにさからって練り上げられる教育法の新しいアイデアに関する発言も最近のことではない。

それから（ああ、パラドックスの天使の薄笑い！）悪い父親がすぐれた教育方針を持っていることがあり、すぐれた教育者が最悪の教育方針を持っていることがある。まあ、そんなものだ。

しかし、ルソーは受け入れることができないとしても、ポール・ヴァレリー(2)についてはどう考えるべきか――ヴァレリーは児童養護施設とは関係がなかった。いかめしいレジオン・ドヌール勲章受賞の演説を若い娘たちに対して最もためになる演説、学校制度のなかで最も敬意を払うべきものとしながら、突然、愛について、書物への愛について人が述べることができるもののうち最も本質的なものに話題を移す。

「みなさん、文学がわたしたちの心をとらえるときに、語彙《い》とか文章法のたぐいに制約されることはありません。ただ単に、文芸がどういうふうにわたしたちの人生にはいってくるかを思い出していただきたい。いちばん稚《おさな》い頃に、赤ん坊を笑わせたり、寝かせつけたりするために子守歌を歌いますが、それがやめになるとすぐに、お話の時代が始まります。子どもはお話を乳のように飲みます。話の続きをせがみ、不思議なところを何度も繰り返させます。子どもは容赦しない、聞き上手です。魔法使い、怪物、海賊、妖精の話で満足させるために、私はどれほど時間をつぶしたことでしょうか。そして小さな子どもたちは疲れ果てた父親に向かって『もう一回、おねがい！』と叫ぶのでした。」(「サン・ドニ講演」『ヴァレリー全集　十一』佐藤朔訳、筑摩書房、三〇二ページ)

(1)　ジャン=ジャック・ルソー(一七一二―七八)。フランスの思想家、小説家。ルソーの教育論『エミール』は若いときに捨て子をしたのを悔いて書かれたと言われる。
(2)　ポール・ヴァレリー(一八七一―一九四五)。フランスの詩人、作家。長編詩『若きパルク』などがあり、二十世紀フランスの知性を代表する思想家でもある。

22

「子どもは容赦しない、聞き上手です。」

子どもは、初めから、よい読者である。周囲の大人たちが自分に能力があることを自分で確かめるかわりに子どもに感激を与え、暗唱を子どもの義務にする前に学習意欲を刺激し、子どもに仕返しをする機会を待つだけでなく、子どもが努力しているときには一緒に連れになってやり、時間を稼《かせ》ごうとするかわりに夜の時間を失うことに同意し、将来について脅しを振りかざさずに現在を感動させ、喜びであったものを苦役《くえき》に変えることに同意せず、この読書の喜びを子どもが自分の義務とするまで維持し、あらゆる文化の学習の無償性に基づいてその義務を築き上げ、そして大人自身がこの無償性の喜びを再発見するならば、子どもはよい読者でありつづける。

23

ところで、この読書の喜びはすぐ近くにある。見つけるのは容易だ。年月が過ぎ去るままにしなければそれだけでよい。夜になるのを待って、再びあの子の部屋のドアを開け、枕元に座り、あの子とわたしたちの共通の読書を再開するだけでよい。

読む。

大きな声を出して。

子どもに見返りを求めずに。

あの子の一番好きな話を。

このときどういうことが起こるかは書いておく価値がある。初めのうち、あの子はただびっくりしている。熱湯で火傷《やけど》した猫が冷水をこわがるように、悪い経験をしたので、お話がこわいのだ！　毛布をあごまで引きずり上げて、あの子は警戒している。

——さあ、いまのはどんな話だったかな？　わかったかな？

というわなを待っているのだ。

しかしわたしたちはあの子にそういう質問はしない。他のどんな質問もしない。ただひたすら読むだけだ。何も求めずに。あの子は少しずつ体の力を抜いていく。（わたしたちも。）あの子はゆっくりとあの夢見るような精神の集中を見出し、夜のあの子の顔になっていった。そしてついにわたしたちが変わっていないとわかる。わたしたちの元通りの声を聞いて。

ショックのために、最初の一分で眠り込んでしまうかもしれない……ほっとして。

翌日の夜も同じ再会。そして、たぶん、同じものを読む。そう、前の晩に夢を見たのではないということを自分で確かめるために、あの子は同じ話をせがみ、同じところで同じ質問をする可能性がある。それはまさにわたしたちがあの子に同じ答えをするのを聞く喜びのためだ。繰り返しは安心させる。それは親密さの証拠だ。呼吸そのものだ。あの子はこの呼吸を見出す必要が確かにあるのだ。

——もう一回、おねがい！

「もう一回、もう一回……」と子どもが言うのは、「際限なく繰り返されるこのただ一つの話だけで満足しているのは、おとうさんとぼくがほんとうに愛し合っている証拠だよ」というほどの意味だ。再読すること、それは同じことを何度もすることではなく、疲れを知らぬ愛情のつねに新しい証拠を示すことだ。

だからわたしたちは再読する。

あの子の一日はあの子のうしろにある。わたしたちはここにいる、ついに一緒だ、ついによそにいる。あの子は、自分と作品とわたしたちという三位一体の神秘を再び見出した（この順序は好きなようにしてよい。というのは幸福はこの融合の要素をまさに整理することができない点に由来するからだ！）。

それはあの子が読者としての最高の喜びを自ら味わうようになり、作品に飽き飽きして、別の作品に移るようにわたしたちに頼むまで続く。

こうしてわたしたちは想像界の扉の閂《かんぬき》を外すことにいくつの夜をむだにしたことか。いくつかの晩、そんなに多くはないが、いくつかの晩だとしておこう。しかしこれは骨折り損ではなかった。再びあの子はあらゆる物語の可能性に心が開かれた。

それでも、学校は学校なりの学習を続ける。学校の読み物をたどたどしく読んで、まだ進歩のあとを示さなくても、落ち着いていることにしよう。わたしたちが学校の読書であの子に勝たせるのをあきらめてから、時間はわたしたちとともにあるのだ。

進歩、あの名高い「進歩」は、別の領域で、思いがけないときに示されるだろう。

ある晩、わたしたちが一行飛ばして読んだので、あの子がこんなふうに叫ぶのを耳にする。

――話を飛ばしたよ！

――なんだって？

――おとうさん、飛ばしたよ、話を飛ばして読んだよ！

——そんなことはない。確かに……

——本をよこして！

あの子はわたしたちの手から本を取って、勝ち誇った指で、飛ばし読みした行を指さす。大きな声を出して読む。

それは最初の徴候《ちょうこう》である。

あとのことはそれに続いて起こる。あの子はわたしたちが本を読むのをさえぎるようになる。

——それ、どういうふうに書くの？

——なんのこと？

——せん　し　じ　だい。

——先史時代。

——ぼくに見せて！

幻想を抱かないようにしよう。この突然の好奇心は、もちろん、あの子の錬金術師としてのまったく最近の使命に少しは基づいているが、特に就寝までの時間を長引かせたいという願望に基づいている。

（できるだけ長引かせるようにしよう。）

別の晩に、あの子は、

——ぼく、おとうさんといっしょに読むよ！

と宣言するだろう。

あの子は頭をわたしたちの肩に乗せて、わたしたちが読んでやる文章をしばらく目で追う。

あるいは、

――初めは、ぼくが読む！

そして最初の一節を読み始める。

あの子の読書は、手間がかかる。仕方がない。たちまち息切れする。もちろん……　それでも、平静を取り戻して、あの子はこわがらずに読む。そうするうちにだんだん上手に、自分から進んで読むようになる。

――今夜は、ぼくが読むからね！

もちろん同じところを読む――反復の力――、だが次には別の一節、あの子の「一番気に入っている一節」、その次には作品全体を読む。ほとんど暗記している作品、読まないうちからわかっている作品だが、それでも作品がわかる喜びのために読む。あるときあの子が膝《ひざ》の上に『鬼ごっこの話』〔マルセル・エーメ[1]〕を広げていたり、友だちのデルフィーヌとマリネットと一緒に農家の動物の絵を描いている姿を不意に見かけるようになるのは、今やもう遠くない。

数か月前には、あの子は「おかあさん」という語がわかって驚いていた。今日、単語の雨から現れてくるのは一つの物語である。あの子は自分の読み物の主人公になった。作品の筋立てのなかにとらわれた登場人物を釈放しに来るために作者がずっと前から委任していた人物になる――

登場人物自身が日々のささいな出来事から子どもを救い出すために。

こんな具合だ。これで勝ちだ。

そして、あの子を最高に喜ばせようとするならば、あの子がわたしたちに読んでくれている間にうとうとしていればいいのだ。

(1) マルセル・エーメ(一九〇二―六七)。フランスの小説家、劇作家。特に『緑の牝馬』(一九三三)は幻想と現実の入り混じった独特のスタイルで評判になった。

24

「夜、とても面白い話の真っ最中にいる少年に決して理解させてはならない。子どもだけに行う説得をして、子どもが読書を中断し、床《とこ》につかなければならないということを理解させてはならない。」

これを言っているのはカフカだ。(1) 日記のなかで。小さなフランツが言っている。フランツのパパは毎晩金勘定をして過ごすのが好きだった。

(1) フランツ・カフカ(一八八三―一九二四)。プラハ生まれのドイツ語作家。一夜のうちに毒虫に変身する『変身』(一九一五)は特に有名。

II

本を読まなければならない（教義）

25

二階のあの子の部屋に、大きくなった子どもの問題が残っている。

あの子もまた「本」と和解する必要が確かにある！

家はひっそりして、親は寝てしまって、テレビは消えて、したがってあの子は……四十八ページ目を前にしてたった一人だ。

しかもこの「読書カード」を明日提出しなければならない。

明日……

暗算して、
四四六－四八＝三九八
今夜のうちに三九八ページ読まなければならないのだ！

あの子は勇敢に再び読み始める。一ページずつ進みながら。「本」のなかの単語がウォークマンのイヤホンのなかで踊っている。うれしくはない。単語は鉛のように重い。単語が次から次へと倒れる、あのジェーン・フォンダ主演の映画〔『ひとりぼっちの青春』〕のくたくたに参った馬のように。ドラムスのソロでも単語を生き返らせることはできない。（それでもケンダルは有名なドラマーだ！）あの子は単語の死骸《がい》を振り返ることもなく読書を続ける。単語の意味が死んで、文字に平和がもたらされた。この大殺戮《さつりく》にもあの子はこわがらない。あの子は前進するように読む。あの子にやる気を起こさせているのは義務だ。六十二ページ、六十三ページ。

子どもは読む。

何を読んでいるのか。

エンマ・ボヴァリーの話。

たくさん本を読んだ娘の話だ。

「彼女は以前『ポールとヴィルジニー[1]』を読んだことがあり、竹の小家や黒人のドマンゴや犬のフィデルを夢見たものだった。しかしとりわけ憧れたのは鐘楼《しょうろう》よりも高く聳《そび》え立つ大木へ赤い果実を採りに上ってくれたり、砂の上を裸足《はだし》で駆けまわっては鳥の巣を取ってきてくれたりする、親切な兄の持っている優しい友愛であった。」（『ボヴァリー夫人』村上菊一郎訳、角川文庫、四七ページ）

一番いいのはティエリかステファニーに電話をして、明日の朝、読書カードを見せてもらって、それを授業の前に、誰にも見られず誰にも知られずに、大急ぎで書き写すことだ。彼らはあの子に義理があるのだ。

「エンマが十三のとき、父親は彼女を修道院に入れるため、自分でルーアン市まで連れていった。二人はサン・ジェルヴェ街の宿屋に泊まった。そこでは、夕食のとき、ラ・ヴァリエール姫の物語を描いた絵皿が出された。その伝説の説明の字句は、ところどころナイフのかすり傷で途切れてしまっていたが、どれもみな、宗教や、心の優雅さや、宮廷の壮麗さを褒《ほ》めたたえていた。」〔同上〕

「夕食のとき……絵皿が出された」という文句を読んで、あの子は思わずにやりとした。「空っぽの皿を食わせたのか。あのラ・ヴァリエールの話を食わせたって言うのかい。」あの子は偉ぶっている。自分の読んでいるものの外にいると思い込んでいる。それは間違いで、あの子の皮肉は的の中央を射抜いたのだ。というのは彼らの対照的な不幸は、エンマは自分の皿を一冊の本と見なすことができるし、彼は自分の本を一枚の皿と見なすことができるというところに由来するからだ。

（1） フランスの作家ベルナルダン・ド・サン＝ピエール（一七三七―一八一四）の小説（一七八八）。

26

その間、リセ〔高等学校〕では〔親たちの世代が読んだベルギーの『タンタンの冒険旅行』〔エルジェ〕という漫画がイタリック体で言っていたように〕、親たちが、

――ご存じのように、息子は……娘は……本を……

と言いかけると、国語の教師は、問題の生徒は「本を読むのが好きではない」のだと理解した。

――小さいとき、あの子はたくさん本を読んでいただけに驚きですわ……　あの子はむさぼるように本を読んでいましたよね……　ねえ、あなた……　むさぼり読んでいたと言えるわよね。

ご主人は、子どもがむさぼり読んでいたことに同意する。

――申し上げておくべきだと思いますが、あの子にはテレビを見せなかったんでございます！

〔テレビを絶対に見せないというのは、もう一つの手だ。問題の文を削除することによって問題を解くこと、これもまたよく知られたばかな教育法だ！〕

――ほんとなんですよ。学校のある間はテレビなし。それはわたくしどもが決して譲歩《じょうほ》することのなかった原則でございます！

テレビは見せないが、五時から六時はピアノの練習、六時から七時はギター、水曜日にはダンス〔フランスの学校は水曜日は休み〕、土曜日には柔道、テニス、フェンシング。雪が降り始めたらすぐにスキーマラソン、夏になるとすぐにヨットの練習、雨降りの日には陶芸。英語の勉強のためにイギリス研修旅行、リズム体操……

自分自身との再会という最小の十五分間を持てるチャンスを少しも与えない。

さあ夢をこわせ！

退屈を糾弾《きゅうだん》しろ！

立派な退屈……

長い退屈……

どんな創造も可能にする退屈……

――わたくしどもはあの子が決して退屈しないように努めております。

（かわいそうな子ども……）

――わたくしどもは、何と言ったらいいかしら、あの子に完璧《かんぺき》な教育を与えることに必死でございます。

――特に効果的な、ね。ぼくは効果的な教育と言いたいね。

――教育に熱心でなければ、先生に会いに来たりいたしませんものね。

――さいわい算数の成績は悪くありません……

――もちろん、国語は……

こうしてイギリス軍に降伏するカレーの市民(1)のように、わたしたちの敗北を認める鍵を差し出しながら、国語の先生に会いに行くという、あわれな、悲しい、悲壮な努力をする――そして国語の先生は親の話に耳を傾け、はいはいと言いながらも、教師としての長い人生のなかでただのいっぺんだけでいいから、幻想を抱いてみたい。ほんの小さな幻想を抱いてみたいと思っている……が、もちろんそんなことはできない。

――先生、国語の出来が悪いと落第になるとお考えですか。

(1) 百年戦争中の一三四七年、カレーの町は壮烈な抵抗ののちイギリス軍に占領されたが、このとき刃物製造業者サン・ピエールと五人の市民が、イギリス王エドワード三世の前に町の鍵を差し出して町を救った。

27

わたしたちの生活はこんなふうだ。子どもは読書カードの取引をし、わたしたちは子どもの落第という亡霊に直面し、国語の先生は自分の担当する科目を笑い物にされている…… しかし本は生きつづけてほしい！

28

先生はたちまち年寄りの先生になる。それはこの職業が他の職業よりも体力を消耗させるからではない。そんなことではなく……数多くの親が自分の子どもについて先生に話す――子どもの話をしながら実は親は自分のことを話す――のを耳にするからであり、また数々の人生の話、離婚、家族の話、つまり小児科疾患、思春期には子どもは手に負えなくなること、大切な娘たちが親にだけ愛情を注ぐことがなくなることなどを耳にし、涙を流しながらの数多くの失敗談、数多くの成功話のひけらかし、いろいろな問題についての数多くの意見、そして特に本を読む必要についていろいろな意見を聞くからだ――本を絶対に読まなければならないということについては、親の意見が一致している。

これは教義だ。

今までに一度も本を読んだことがなく、そのことを恥ずかしいと思っている人がいるし、もう本を読む時間がなくて、それを残念に思う人がいるし、小説は読まないが、役に立つ本、エッセイ、技術書、伝記、歴史物なら読む人がいるし、すべて、しかも何でも読む人がいるし、「むさぼり読んで」目が輝いている人がいるし、古典しか読まない人は、「なぜかと言いますと、時間という篩《ふるい》以上によい批評家はいないからです、先生」と言う。成人してから「再読」して大人の時間を過ごす人がいるし、最新刊のこれこれの本を読んだ人がいる。なぜなら、最新の事情に通じていないとこまるんですよ、先生……

しかし、だれもみな、本を読む必要という名において、読んでいる。

教養だ。

今日もう本を読まなくなっても、それは過去にたくさん読んだためだとあなたに断言する人も含む。ただその人は今では自分の背後に学歴があり、彼の「出世」は、もちろん、彼の力である（この人は「誰にも何も借りがない」人々に属する）が、今は必要としない本が彼には確かに役に立った……絶対必要であった、そう、絶対になくてはならぬものであったと進んで認める！

――でもやっぱりあの子はどうしてもこのことを頭にたたき込んでおかなくちゃいけませんわ！

これは教養だ。

29

ところで「子ども」の頭にはそのことが入っている。子どもは本を読まなければならないという教義を、ただの一瞬たりとも、疑うことはない。これは少なくともあの子の作文からはっきりと浮かび出ていることだ。

設問――ギュスターヴ・フロベールが女友だちのルイーズ・コレに与えた「生きるために本を読みなさい」という厳命について、どう思うか。

子どもはフロベールに賛成だ。子どもとその友だちは男の子も女の子も全員フロベールに賛成だ。「フロベールは正しかった！」三十五枚の答案が全員一致している。本を読まなければならない、生きるために本を読まなければならない、そして本を読むこと――読書が絶対に必要であること――は、わたしたちを動物から、野蛮人から、無知な乱暴者から、ヒステリックな党派主義者から、勝ち誇る独裁者から、大食症の唯物論《ゆいぶつろん》(1)者から区別するものだ。本を読まなければならない！　読まなければならない！
——学ぶために。
——学校の勉強でよい成績をとるために。
——情報を得るために。
——自分がどこから来たのかを知るために。
——自分が何者であるかを知るために。
——他人をよりよく知るために。
——自分がどこに行くのかを知るために。
——過去の記憶を保存するために。
——わたしたちの現在を照らしだすために。
——以前の経験を利用するために。
——わたしたちの先人の愚かな行為を繰り返さないために。
——時間を稼ぐために。
——逃げだすために。
——人生に何らかの意味を見つけるために。
——わたしたちの文明の基礎を理解するために。
——好奇心を保つために。

――気晴らしのために。

――教養を身につけるために。

――コミュニケーションを行うために。

――批判的精神を鍛えるために。

リセの廊下で、今朝、「子ども」がステファニーの読書カードから大急ぎで書き写すのを見たし、こうした作文の途中で出会う引用の大部分は適当な辞書から引いてきたものだということを経験から知っているし、選ばれた例（「きみたちの個人的な経験から出てきた例を引用しなさい。」）は、他の人が行った読書に由来していることを、一目見て、教師は理解するし、次回の小説の読書を課すときに、生徒が

――ええっ！　二週間で四〇〇ページ！　そんなのできっこないよ、先生！

――数学のテストがあるんですよ！

――それに経済学のレポートを来週提出しなくちゃいけないんですよ！


とぶうぶう言ったのがまだ耳の底に残っているのに、教師は答案の余白に、「そうだ、そうだ、優！　良、可、まさしく、興味深い、なるほど、まったく的確だ」と評を書きつけ、「もっと、もっと書きなさい！」と言いたいところだが自制する。

そして教師は、マチュー、レイラ、ブリジット、カメル、セドリックといった生徒に対してテ

レビが果たす役割を知ってはいるけれども、セドリック、カメル、ブリジット、レイラ、マチューがテレビは本の第一の敵である（「答案にはテレビのような略語は書いてはいけません」）——よく考えてみれば映画も敵である——と断言するときには、やはり赤ペンで賛成する。というのは、本を読むことは責任のある行為に属する（評価は優！）のに、テレビも映画もまったく無気力な受動性を前提としているからである。

　しかし、ここで、教師はペンを置いて、物思いにふける生徒のように目を上げ、それでもいくつかの映画は本と同じ思い出を残さなかったかなと考える——自分だけのためだが。彼は『ハンター』[2]『フェリーニのアマルコルド』[3]『マンハッタン』[4]『眺めのいい部屋』[5]『バベットの晩餐会』[6]『ファニーとアレクサンデル』[7]といった映画を何度「再読」したことか。これらの映画の映像は記号の神秘の運び手のように思われた。もちろん、これは専門家の発言ではない——彼は映画の構文は何も知らないし、映画好きの人々の語彙《い》はわからない。これは彼の目で見たことの発言でしかないが、彼の目は、人が意味を汲み尽くせない映像があり、見直すたびに感動を新たにさせる映像があり、テレビの映像もあるとはっきり自分に語っている。たとえば、かつて、テレビの書評番組『万人の読書』[8]で見た老バシュラール[9]先生の顔……『アポストロフ』[10]で見たジャンケレヴィッチ[11]の髪の毛……ベルルスコーニ所有のサッカーのミラノ・チームに対してジャン＝ピエール・パパン[12]が入れたゴール……

　しかし時間はめぐる。教師は再び答案の採点に取りかかる（体力のいる長距離走者としての採点者の孤独は誰も語らない)。それから何枚か答案を見ているうちに、単語が教師の目の下で跳《は》ね回りはじめる。議論は同じことを繰り返す傾向がある。ついにいらいらしてくる。生徒が教師に向かって暗唱しているのは、聖務日課書である。本を読まなければならない、読まなければならない! 生徒たちの書く文章の一つ一つが、全然本を読んでいないことを立証しているのに、「本を読まなければならない……」という教育的発言の果てしなく単調な繰り返し……!

(1) 宇宙の本質は物質であり、物質とは別の霊魂や精神は存在しないと考える人。
(2) 一九八〇年アメリカ映画。監督バズ・キューリック、主演スティーブ・マックィーン。
(3) 一九七四年イタリア・フランス合作。監督フェデリコ・フェリーニ、主演プペラ・マッジョ。
(4) 一九七九年アメリカ映画。監督・主演ウッディ・アレン。
(5) 一九八六年イギリス映画。監督ジェームズ・アイボリー、主演ヘレナ・ボナム・カーター。
(6) 一九八七年デンマーク映画。監督ガブリエル・アクセル、主演ステファーヌ・オードラン。
(7) 一九八二年スウェーデン・フランス・西ドイツ合作。監督イングマール・ベルイマン、主演エバ・フレーリング。
(8) ジャン・デュマイエ司会の一九六〇年代の番組。
(9) ガストン・バシュラール(一八八四—一九六二)。フランスの哲学者。科学史・科学哲学と文芸評論とのつながりに独自の位置を占める。著作に『新しい科学的精神』『火の精神分析』など。
(10) フランス・アンテンヌ2でベルナール・ピヴォ司会で一九七四年以来行われていた書評番組。この番組には毎回四、五人の著者が招待され、これに出演するとベストセラーになった。
(11) ウラジミール・ジャンケレヴィッチ(一九〇三—八五)。フランスの哲学者、音楽学者。著作には『仕事と日々、夢想と夜々』など。
(12) 有名なサッカー選手。ちなみにフランスではサッカーは国民的スポーツである。

30

——でも、どうしてそんなにいらいらしているの、あなた？　生徒は先生が期待していることを書いているのよ。

——というと？

——本を読まなくちゃいけないってことよ！　教義よ！　あなただってまさか焚書《ふんしょ》の光栄に包まれるような答案を見つけることなんか期待していなかったでしょ？

——ぼくが期待しているのはね、あの子たちがウォークマンをはずして、本気で本を読み始めることなんだよ！

——そんなことじゃないわ……　あなたが期待しているのは、宿題として出した小説について、生徒がきちんとした読書カードを提出することよ。あなたの選んだ詩を正確に「解釈する」こと、バカロレア〔大学入学資格試験〕の試験の日に、あなたの作った作品の抜粋を上手に分析すること、試験官が当日の朝生徒の目の前に張り出すものを的確に「解説」するか、巧みに「要約」することなのよ……　でも、試験官もあなたも親も、子どもたちが本を読むことなんか特別に願ってはいない。反対のことも願ってはいないけど。親たちの願いは、子どもたちが試験に合格すること、それだけなのよ！　合格すること以外は、関係ないのよ。フロベールだってルイーズが本を読むことなんか関係なかった！　フロベールがルイーズに本を読むようにさせたのは、自分のことをほっといてもらいたかったからよ。大好きなボヴァリー夫人の仕事をさせてくれるようにするため、子どもに煩わされないようにするためだったのよ。これが真実、あなたはそんなことは百も承知。フロベールがルイーズに「生きるために本を読みなさい」と書いたのは、明らかに、「ぼくのことはほっといて、本を読みなさい」という意味だったのよ。このことをあなたは生徒たちに説明したの？　してない？　どうして？

　妻はにっこり笑って、夫の手を握る。

――ねえ、あなた、本を大事にすることは口承に属するという考えになじまなくちゃ。それにあなたは本の大祭司なんだから。

31

「わたしは国によって与えられた授業にはいかなる種類の刺激も見出さなかった。たとえ教育の内容が実際にはもっと豊かで興味のわくものであったとしても、バイエルンの先生たちの陰気な知ったかぶりはどんなに興味ある主題に対しても嫌気を起こさせた。」……

「わたしの文学的教養のすべては、学校の外で得たものだ。」……

「わたしの記憶のなかでは、詩人たちの声は、初めにその詩人たちを教えてくれた人々の声と一緒になっている。ドイツロマン派(1)のいくつかの傑作を再読するときには、ミーライン(2)の感動にふるえた、よく通る声の調子が再び耳に聞こえてくる。わたしたちが子どもで自分で読むのに苦労していた間、母はわたしたちに本を読んでくれるのが習慣であった。」

（……）

「それでも、わたしたちは魔法使い(3)のおだやかな声を一心に聞いていたものだった……　父の好きな作家はロシア人だった。トルストイの『コサック』や、ふしぎなほど子供っぽい、単純にすぎる教訓的色彩の、後期の寓話をわたしたちに読んでくれた……　わたしたちはゴーゴリ[4]の物語を聞いたり、ドストエフスキー[5]の作品――『いやな話』という題のあの不気味な笑劇――さえも聞いたものだった。」

（……）

「疑いもなく、父の書斎で過ごしたあの夜のすばらしい時間は、わたしたちの想像力を刺激しただけでなく、好奇心も刺激した。偉大な文学の持つ魔法の魅力と文学が提供する慰めをいったん味わったら、文学についてもっともっと知りたくなる――他の「滑稽な話」や、知恵に満ちた寓話や、さまざまな意味を持つお伽話や、ふしぎな冒険物語など。こんなふうにして、人は自分で読み始めるのだ……」*

魔法使いトーマス・マンと、感動にふるえた、よく通る声の持ち主ミーラインの息子、クラウス・マンはこんなふうに語ったものだ。

＊　クラウス・マン『転回点』、ニコル・ロッシュ訳、ソラン社〔『マン家の人々――転回点1』、小栗浩訳、晶文社〕。

（1）　十八世紀末葉から十九世紀初頭の作家たちで、唯一確かなものとしての自我の確認とその内部への沈潜を特徴とする。ノバーリス、ヘルダーリン、ホフマンなど。
(2) ミーラインはクラウス・マンの母親の愛称。
(3) 父親のトーマス・マン(一八七五—一九五五)のこと。『魔の山』(一九二四)を書いたために魔法使いと呼ばれる。
(4) ゴーゴリ(一八〇九—五二)。ロシアの作家。リアリズム文学の父と言われる。『タラス・ブーリバ』『外套』『狂人日記』など。
(5) ドストエフスキー(一八二一—八一)。ロシアの作家。末期的なロシア社会の諸相を尖鋭に描き、人間の苦悩を浮き彫りにした。『罪と罰』『白痴』『悪霊』『カラマーゾフの兄弟』など。

32

それでも、この全員一致の意見には、気がめいる……　文字の読み方を習うことに関するルソーの考察から、今現在の生徒の嘆かわしい状態に行き着く教師のうら若き妻の皮肉を経て、バイエルン州による文学教育に関するクラウス・マンの考察に至るまで、あたかも学校の役割はどこでもつねに技術の習得、解説という義務に限られ、読む楽しみを禁じることによって本に直接近づくのをさえぎっているかのようだ。楽しみは学校の授業内容に入ってはならないし、また知識は正しく理解された苦痛の果実でしかありえないということが、どんな風土のもとでも、ずっと昔から、確立されているらしい。

それは、もちろん、結構なことだ。

さまざまな議論がないわけではない。

学校というものは楽しみの学校ではありえない。楽しみは一定量の無償性を前提とするからだ。学校は努力を要する知識製造所である。そこで教えられる教科は良心の道具である。そうした教科を担当する教師は、教科の手ほどきをする人である。だから、学校生活における全部――授業内容、試験、成績、順位、課程、進路指導、学科——すべてが、制度の目的性は競争にあることを示しているので（制度そのものが労働市場から生じているのだから）、教師には知的学習の無償性を自慢することを要求することはできない。

熱心さゆえに数学を数学そのものとして見つめ、数学を芸術の一つとして教え、教師自身のバイタリティーの力で数学を好きにさせ、そのために努力が楽しみになる、そんな教師に生徒が、たまに出会うこと、それは出会いの偶然によるのであって、制度の特質によるのではない。

たとえ二次方程式のかたちであっても、人生を愛させることは生きている者の特性であるが、バイタリティーは今までに一度も学校の授業内容に記載されたことがない。

機能はここにある。

人生はよそにある。

本を読むこと、それは学校で習得される。

だが本を読むのを好きになることは……

33

本を読まなければならない、本を読まなければならない……

そしてもし、教師が読書を要求するかわりに、突然本を読む教師自身の幸福を分かち合うことに決めたとしたら？

本を読む幸福？　本を読む幸福って、いったい何だ？

実は、例の自己への回帰を前提とする質問だ！

そして手始めに、わたしたちを作り上げた読書の大部分をわたしたちは賛成して行ったのではなく、反対して行ったのだという、教義に根源的に矛盾するあの真実の告白。わたしたちは、身を隠すように、拒否するように、あるいは反対するように、本を読んできた（そして今も読んでいる）。もしそういうことがわたしたちを逃亡兵のように見せ、わたしたちの読書の「魅力」の背後で現実がわたしたちに達する希望を失うならば、わたしたちは自己建設に忙しい逃亡兵であり、生まれつつある脱走者である。

読書はそれぞれ反抗の行為である。何に反抗するのか。すべての出来事に、だ。すべてに反抗するのだ。

——社会、

——職業、

——心理、

——愛情、

——気候、

——家族、

——家庭、

——集団、

——病理、

——金銭、

——イデオロギー、

——文化、

——あるいはへその緒に。

よく行われた読書は、自分自身から救い出すのを含めて、すべてから救い出す。

そして、何よりも、わたしたちは死に逆らって本を読む。

それは父親の金儲け本位の計画に逆らって本を読むカフカ、母親の皮肉に逆らってドストエフスキーを読むフラナリー・オコンナー[1]（「『白痴』だって？　そんな題名の本を注文するなんて、いかにもおまえに似つかわしいね！」）、ヴェルダン[2]の塹壕《ざんごう》でモンテーニュ[3]を読むチボーデ、[4]ドイツ軍に占領された闇市のフランスでマラルメ[5]の研究に没頭するアンリ・モンドール[6]、ベイルートの牢獄で人質として『戦争と平和』の同じ巻を際限なく再読するジャーナリストのコフマン[7]であり、麻酔なしに手術を受けた病人である。この病人についてヴァレリーは、「この人は、大変な苦痛の間に、自分の好きな詩を暗唱することで、いくらか痛みの軽減を覚えた、というかむしろ体力と忍耐の交替を見出した」と語っている。そしてもちろん、教育的な遠回りがあれほど多くの論文を書かせたというモンテスキューの告白である。「一時間読書すればどんな悲しみも忘れてしまうので、学習は私にとっては嫌悪すべきものに対する最高の薬であった。」

しかし、もっと日常的には、本は雨がぱらぱらと降るときの逃げ場であり、地下鉄のリズムに対して本のページは静かに目を眩《くら》ませるのであり、秘書が机の引出しに隠した小説であり、生徒が試験を受けているときに先生がちょっと本を読むことであり、また白紙答案を出すまで、そっと本を読んでいる教室の隅の生徒である……

（1）フラナリー・オコンナー（一九二五―六四）。アメリカの女性作家。作品に『賢い血』など。
（2）フランス北東部の都市。第一次大戦の激戦地で、市街はほとんど破壊された。
（3）モンテーニュ（一五三三―九二）。フランスのモラリスト。著書『エセー』では人間の内面生活、社会生活を詳細に観察、記述した。

（4）アルベール・チボーデ（一八七四―一九三六）。フランスの文芸評論家。『批評の生理学』など。

（5）ステファヌ・マラルメ（一八四二―一九八）。フランスの象徴派の詩人。詩の音楽性を極限まで追求した。『エロディアッド』『骰子一擲』『牧神の午後』など。

（6）アンリ・モンドール（一八八五―一九六二）。フランスの外科医、作家。『マラルメの生涯』など。

（7）ジャン゠ポール・コフマン（一九二二―　　）フランスのジャーナリスト。一九八五年五月二十二日レバノンのベイルートでイスラムのジハードに誘拐され、人質となる。

34

読書がこれほどまでに自分の殻に閉じこもることと沈黙を命じるとき、文芸を教えるのはむずかしい。

読書は、伝達行為なのか。またもや解説者のご立派な冗談！　わたしたちは読んでいるものを人に話さない。読んだ本の楽しみをたいていは嫉妬《しっと》から秘密にしておく。そこに話のタネがあるとは思わないからか、それについて話すことができるようになるまで、時間にその蒸留《じょうりゅう》という甘美な仕事をさせておかなければならないからである。この沈黙こそわたしたちの親密さの保証人である。本を読んだが、わたしたちはまだそこにいる。本の唯一の喚起力がわたしたちの拒否の避難所になる。本はわたしたちを「大いなる外部」から守ってくれる。日々の風景のずっと上に据え付けられた観測所をわたしたちに提供する。わたしたちは本を読んだが黙っている。本を読んだから黙っているのだ。わたしたちが本を読み終わるのを待ち伏せしていて、「それで？　どうだ？　いい本かい？　わかったかい？　それじゃ報告しろ！」と言うなんてあんまりじゃないか。

時には、わたしたちの沈黙を命じるのは謙遜だ。プロの精神分析医の輝かしい謙遜ではなく、よく言われるように、この本を読んだことや、あの著者が、「わたしの人生を変えた」という、内的な、孤独な、苦しいと言ってもいい意識だ！

あるいは、突然、あの別の眩暈《めまい》のために声が出なくなる。これほどまでにわたしに大きなショックを与えたものが、いかなる点でも世界の秩序を変えないということがいったいどうしてありうるのか。ドストエフスキーが『悪霊』を書いたのにわたしたちの世紀が変わらなかったなどということがありうるのか。ピョートル・ヴェルホヴェンスキー(1)という人物を想像したのに、ポル・ポト(2)やその他の人々はいったいどこから来るのか。そして、チェーホフ(3)が『サハリン島』を書いても、強制収容所の恐怖はなぜあるのか。わたしたちの最悪の欠陥を亜鉛板のように切り抜いたカフカの白い光で、いったい誰が啓蒙されたのか。そして、恐怖が繰り広げられているときに、いったい誰がヴァルター・ベンヤミン(4)の声を聞いたのか。また、すべてが達成されたとき、たとえエボリ〔イタリア南部〕で最終的に捕らえられたカルロ・レビ(5)のキリスト〔『キリストはエボリにとどまりぬ』〕を解放するためだけであっても、地球全体がロベール・アンテルム(6)の『人類』を読まなかったなどということがどうしてあるのか。

多くの本がこれほどまでにわたしたちの良心に大きなショックを与えているというのに、世界が最悪の道を進むにまかせておくことができるのか。これこそは信じられないことだ。

だから、黙っている……

もちろん、文化権力の美辞麗句を好む人にとっては、別だ。

ああ！　以上はサロンの話題だ。サロンでは、誰一人として誰にも何も言うべきことがないので、読書が会話の主題になる。コミュニケーションの戦略に格下げされた小説！　あれほど静かにうめき声を上げ、あれほど頑《かたく》なに無償性を保ってきたのに、あのばかな男は気取った女をくどきにかかるために、「まさかそんな、『夜の果てへの旅』〔セリーヌ[7]〕を読んだことがないのですか」などと言う。

それよりもっとつまらない理由で人は殺人を犯す。

（1）『悪霊』のなかのアナーキスト革命家で、転向者シャートフをリンチで惨殺する。

（2）ポル・ポト（一九二八―一九九八）。カンボジアの政治家。大量粛清を行い、残虐な内政と強硬な外交を推進し、国内を混乱に陥れている。

（3）チェーホフ（一八六〇―一九〇四）。ロシアの劇作家。『サハリン島』（一八九五）は樺太旅行をもとに収容所の恐怖を描いた作品。他に『三人姉妹』『桜の園』など。

（4）ヴァルター・ベンヤミン（一八九二―一九四〇）。ドイツの哲学者。一九三三年ナチスに追われてフランスに亡命した。著作に『ボードレール』など。

（5）カルロ・レビ（一九〇二―七五）。イタリアの作家。『キリストはエボリにとどまりぬ』（一九四五）は、反ファシズム運動のため南部のルカニアに流刑にあった経験から書かれた。

（6）ロベール・アンテルムはフランスの作家で、マルグリット・デュラスと結婚していた。ユダヤ人のためナチスの強制収容所に送られ、その経験を『人類』という自伝的作品に書いた。またデュラスはアンテルムとの経験を『苦悩』に描いた。

（7）ルイ＝フェルディナン・セリーヌ（一八九四―一九六一）。フランスの作家、医者。『夜の果てへの旅』は俗語を駆使した反社会的、個人主義的な長編自伝小説。第二次大戦中ナチスに協力し、反ユダヤ主義的著作のため戦犯となり、死刑判決を受けたが、五一年恩赦。晩年は貧民のための医者として仕事をした。

35

だがしかし、読書は直接的な伝達行為ではないとしても、結局は、共有の対象である。しかし長く延期される共有であり、荒々しく選択される共有である。

もしわたしたちが、学校や批評やあらゆるかたちの宣伝、あるいは反対に、友だちや愛人やクラスの仲間、さらには家族——家族が本を教育のタンスに片づけないとき——のおかげで行ったたくさんの読書を考慮に入れれば、結果は明らかである。わたしたちが読んだ一番美しいものは、たいていは好きな人のおかげである。そしてまず最初に好きな人に読んだ本の話をする。たぶん、感情の特性は、本を読みたいという気持ちの特性と同じく、好きになることだからだ。愛すること、それは、結局のところ、わたしたちが一番気に入っているものを一番好きな人々に贈ることだ。そしてこの共有はわたしたちの自由という見えない砦《とりで》を満たしている。わたしたちのなかには本も友だちも住んでいる。

好きな人がわたしたちにある本を読ませるとき、まず初めに、書かれている文章のなかにわたしたちが探すのはその人自身であり、その人の趣味であり、その本を手にとるようにとその人が勧めた理由であり、友愛のしるしである。それから、わたしたちは作品のとりこになり、その作品を読みふけるようにさせた人を忘れてしまう。まさに、そうした出来事も一掃してしまうのが、作品の力そのものである！

だがしかし、年月が過ぎて、作品に言及すると他人の思い出が浮かぶことがある。そのときいくつかの題名がいろいろな人の顔になる。

そして、正確に言えば、必ずしも愛される人の顔ではなく、誰か批評家の顔であったり（そんなことはめったにないが）、先生の顔であったりする。

たとえば、ピエール・デュマイエの顔、まなざし、声、沈黙。そうしたものが、わたしが子どもの頃の『万人の読書』で、読者への敬意を物語っていた。わたしは、あの人のおかげで、読者になっていったのだ。たとえば、あの先生の顔。先生の書物への情熱のおかげでわたしたちはあらゆる我慢をすることができたし、わたしたちに愛情の幻想さえ与えた。先生は、先生にとって最も大事だったものを読ませるために、わたしたち生徒をどれほど好きになる――あるいはわたしたちを評価する――ように努めたことか！

36

詩人ジョルジュ・ペロスの伝記*のなかで、ジャン＝マリー・ジバルはペロスが教えていたレンヌ大学のある女子学生の書いた次の文章を引用している。

「先生（ペロス）は火曜日の朝、さびだらけの青いオートバイに乗って、風と寒さで髪をもじゃもじゃにしてやって来たものでした。猫背で、船員の着るコートに身を包み、パイプを口にくわえているか、手にしていました。ズック製の肩掛け鞄《かばん》いっぱいの本を机のうえに広げました。これが人生でした。」

十五年後、感動したこのすばらしい女性はいまだにこのことを語っている。コーヒーカップに目を伏せて微笑を浮かべながら、熟慮し、ゆっくりと思い出をしのぶ。それから、――そう、これが人生でした。たくさんの本、何本かのパイプ、タバコ、『フランス・ソワール』(1)か『レキップ』（日刊のスポーツ紙）、いくつもの鍵、何冊かのメモ帳、請求書、オートバイのプラグ…… そういう雑然としたもののなかから一冊の本を取り出し、わたしたちを見つめ、わたしたちに食欲を起こさせる笑みを浮かべて、本を読み始めるのでした。本を読みながら、片方の手はポケットに入れ、もう一方の手は本を持ち、やや緊張して、歩き回っていました。本を読みながら、まるでその本をわたしたちにくれるかのようでした。先生の朗読はすべてプレゼントでした。見返りにわたしたちに何も要求しませんでした。わたしたちのうちの誰かの注意力が衰えると、先生は一瞬読むのをやめて、ぼんやりしている学生を見て、軽く口笛を吹いたものでした。それは小言ではなく、自覚への陽気な呼び戻しでした。先生はわたしたちを見失うことは決してありませんでした。読書に没頭しているときでも、先生は文章の上からわたしたちを見ていました。よく響く晴れやかな、やや物静かな声でしたが、その声が教室の隅から隅まで通りました。ただの一言も決して口にされなくても、大きな階段教室、劇場、シャン・ド・マルス[2]を埋め尽くすかのようでした。直観的に空間とわたしたちの脳の距離を計っていました。すべての本の自然な共鳴箱、作品の化身、人間になった本でした。先生の声を聞いて、わたしたちはそうしたものすべてがわたしたちのために書かれたのだということを突然発見したものでした。この発見は、文芸の教育がわたしたちをうやうやしく本に近づけないようにしてしまった果てしない学校教育の後にやってきました。それでは先生は他の先生以上に何をしていたのでしょうか。それ以上のことは何もしていませんでした。いくつかの点については、やることが他の先生よりもずっと少なかったのです。ただ先生は、ちびちび分析をやる文学はわたしたちに教えずに、たっぷりと文学を注いでくれたのです……　そしてわたしたちは先生が読んでくれたものをすべて理解していました。わたしたちは先生の声を聞いていたのです。先生が著者の意図を先取りしたり、隠された意味を明らかにしたり、ほのめかしを解明したり、誤読を不可能にしたりするとき、先生の声の質ほど明晰な作品解説はありませんでした。先生が〔マリヴォーの〕『二重の不実』[3]を読むのを聞いた後では、「マリヴォーダージュ」[4]について相変わらずばかなことを言ったり、この人間解剖の演劇の人形にピンクの服を着せたりすることはまったく考えられませんでした。先生の声の正確さがわたしたちを導いていったのは実験室でしたし、先生の発音の仕方の明晰《めいせき》さはわたしたちを生体解剖に招いたのでした。でも先生はこの意味では潤色したわけではなく、またマリヴォーをサド[5]の控えの間にしたわけではありません。それでも、朗読が続いている間中、わたしたちはアルルカンとシルヴィア[6]の頭脳を断面で見ているような気がしていました。まるでわたしたち自身がこの実験の助手であるかのようでした。

　先生は週に一時間授業をしていました。この一時間は先生の雑嚢に似ていました。まるで引っ越しでした。学年末に先生が去ったとき、わたしは計算してみました。シェイクスピア[7]、プルースト[8]、カフカ、ヴィアラット[9]、ストリンドベリ[10]、キルケゴール[11]、モリエール[12]、ベケット[13]、マリヴォー、ヴァレリー、ユイスマンス[14]、リルケ[15]、バタイユ[16]、グラック[17]、アルドレ[18]、セルバンテス[19]、ラクロ[20]、シオラン[21]、チェーホフ、アンリ・トマ[22]、ビュトール[23]……　思い浮かぶままに雑然と引用しましたが、同じくらい忘れてしまっています。十年で、わたしはこの十分の一も聞いていませんでした！

先生はすべてについて話をし、すべてを読んでくれました。なぜなら先生はわたしたちの頭の中には図書館がないと思っていたからです。それには悪意がまったくありませんでした。先生はわたしたちをあるがままに、無教養だから物を知るのが当然の若い大学生と思っていました。そして文化遺産や宇宙の高みにある、わからない秘密など問題外でした。先生にかかると、作品は空から降ってくるのではありませんでした。地上で先生が拾い集めて、わたしたちにそれを読んでくれたのでした。すべてはそこに、命の微《かす》かな音を立てながら、わたしたちの周囲にありました。他の先生たちも話してくれた作家、よく知っていると思い込んでいた大作家、つまりラ・フォンテーヌ[24]やモリエール……などを先生が取り上げたとき、初めは、がっかりしたことを思い出します。しかし一時間で、大作家たちは学校教育の神格の地位を失って、わたしたちに親しい、神秘的なものに——言い換えれば必要不可欠なものになりました。ペロスは作家たちを生き返らせたのです。立ち上がって、歩きなさい。アポリネール[25]からゾラ[26]まで、ブレヒト[27]からワイルド[28]まで、彼らは全員わたしたちの教室に、生きた姿で、不意にやって来ました。まるで向かいのカフェのシェ・ミシューから出てきたようでした。カフェで先生は時には二回目の授業をしてくれました。それでも友だちみたいな先生を演じていたのではありませんでした。そういう先生ではありませんでした。先生が「無知の授業」と呼んでいたものを本当に続けていたのでした。先生と一緒に、文化は国家的な宗教であることをやめ、バーのカウンターは教壇と同じくらい人前に出せる教卓になっていました。わたしたち自身は、先生の話を聞いても、宗教に入りたいとか、知識の服を着たいという気にはなりませんでした。わたしたちは本を読みたかった。それだけです……

先生が黙るとすぐに、わたしたちはレンヌ(29)とカンペール(30)の本屋でたくさん本を買い込みました。そして読めば読むほど、実は、ますます自分が何も知らないと感じ、自分の無知の砂浜で、海に向かってたった一人だと感じたのです。ただ、先生と一緒だと、濡れるのはもうこわくありませんでした。寒がって水の中をつつくことで時間をむだにせずに、わたしたちは本の中に飛び込みました。わたしたちのうちいったい何人が先生になったか知りません……たぶん、たくさんじゃないと思います。でもそれはきっと残念なことです。なぜなら先生は何食わぬ顔でわたしたちに伝達したいという気持ちを遺したのですから。もちろんあちこちに伝達したいという気持ちです。先生は、教育をかなり馬鹿にしていましたが、冗談を言いながら巡回大学のようなものを夢見ていたのです。

――ちょっと散歩しようか……ワイマール(31)にゲーテ(32)を探しに行って、キルケゴールのお父さんと一緒に神にがみがみ文句を言い、ネフスキー大通りで『白夜(33)』を読んだらどうだろう……

* ジャン＝マリー・ジバル著、プロン社。〔ジョルジュ・ペロス（一九二三―七八）。フランスの詩人。ジャン・グルニエとの『書簡集』がある。〕

（1）フランスの代表的な夕刊紙の一つ。

（2）パリ西部の広場で、軍神マルスの原の意味。北側にエッフェル塔があり、南には士官学校がある。

（3）マリヴォー（一六八八―一七六三）。フランスの劇作家、小説家。繊細な恋愛心理の喜劇的作品を約三十編書いた。『恋に磨かれたアルルカン』『恋の不意打ち』『愛と偶然の戯れ』など。

（4）マリヴォーダージュとは、マリヴォー流の粋な会話、優雅で繊細な言葉や文体のこと。

（5）サド（一七四〇―一八一四）。フランスの作家、思想家。多くのスキャンダルにより生涯の三分の一を獄中で過ごした。『ジュスティーヌ、あるいは美徳の不幸』『ジュリエット、あるいは悪徳の栄え』など。

（6）アルルカンとシルヴィアはマリヴォーの作品『二重の不実』の登場人物で相思相愛の仲。

（7）シェイクスピア（一五六四―一六一六）。イギリスの劇作家、詩人。『ロミオとジュリエット』『ヴェニスの商人』『ハムレット』など。なおここに掲げられた作家は世界的な大作家からあまり知られていない作家まで多様である。それがペロスの授業の特異性である。

（8）マルセル・プルースト（一八七一―一九二二）。フランスの小説家。意識の流れを描いた『失われた時を求めて』など。

（9）アレクサンドル・ヴィアラット（一九〇一―七一）。フランスの小説家。『かくてアラーは偉大なり』など。

（10）ストリンドベリ（一八四九―一九一二）。スウェーデンの劇作家、小説家。イプセンとならぶ近代劇運動の先駆者。『令嬢ジュリー』など。

（11）キルケゴール（一八一三―五五）。デンマークの哲学者、神学者。神と人間の間の断絶、人間の自己疎外、永遠者を追求する努力という思想は、実存主義に深い影響を与えた。『死にいたる病』など。

（12）モリエール（一六二二―七三）。フランスの俳優、喜劇作家。風俗喜劇、性格喜劇、笑劇があり、作品に『女房学校』『タルチュフ』『ドン・ジュアン』『守銭奴』など。

（13）サミュエル・ベケット（一九〇六―一九八九）。アイルランド生まれのフランスの小説家、劇作家。ヌーヴォー・ロマン、アンチ・テアトルの先駆者。小説に『マローヌは死ぬ』、戯曲に『おお、うるわしの日々』など。

（14）ユイスマンス（一八四八―一九〇七）。フランスの小説家、美術批評家。悪魔的な、唯美的な世界を求めた。『彼方』など。

（15）リルケ（一八七五―一九二六）。ドイツの詩人。愛と孤独と死の問題を追求し、二十世紀最大の詩人の一人。詩集に『時禱詩集』『ドゥイノの悲歌』、小説に『マルテの手記』など。

（16）ジョルジュ・バタイユ（一八九七―一九六二）。フランスの作家、思想家。エロチスムと死を中心テーマとした。

作品に『内的体験』『エロスの涙』など。
(17) ジュリアン・グラック（一九一〇―　）。フランスの作家。『シルトの岸辺』など。
(18) アルドレ（生年不詳）。フランスの詩人。『狩人たち』など。
(19) セルバンテス（一五四七―一六一六）。スペインの小説家。『ドン・キホーテ』『模範小説集』など。
(20) ラクロ（一七四一―一八〇三）。フランスの作家、軍人。書簡体小説『危険な関係』は緻密な構造を持つフランス心理小説の代表作。
(21) シオラン（一九一一―一九九五）。ルーマニア出身の思想家。ほとんどの著作はフランス語で執筆。『ユートピアの歴史』など。
(22) アンリ・トマ（一九一二―一九九三）。フランスの翻訳家、小説家。翻訳にフォークナー、小説に『盗まれた季節』など。
(23) ミシェル・ビュトール（一九二六―　）。フランスの小説家、評論家。ヌーヴォー・ロマンの作家。『時間割』など。
(24) ラ・フォンテーヌ（一六二一―九五）。フランスの詩人。『寓話』が代表作。
(25) アポリネール（一八八〇―一九一八）。フランスの詩人、小説家。シュールレアリスム、ダダイスムなど前衛運動の先駆者。詩集に『アルコール』など。
(26) ゾラ（一八四〇―一九〇二）。フランスの小説家。自然主義文学の代表的作家で、『ルーゴン・マッカール家の人々』（『居酒屋』『ナナ』などを含む全二十巻）を書いた。ドレフュス事件の際ドレフュス弁護のために戦ったことでも知られる。
(27) ブレヒト（一八九八―一九五六）。ドイツの劇作家。社会風刺に満ちた社会主義的な戯曲を書き、叙事詩的な演劇理論で演劇の改革をめざした。『三文オペラ』など。
(28) ワイルド（一八五四―一九〇〇）。イギリスの小説家、劇作家。耽美主義の運動を起こした。小説に『ドリアン・グレイの肖像』、童話集『幸福な王子』など。
(29) レンヌはブルターニュ地方の行政、文化の中心地。
(30) カンペールはブルターニュ半島南岸の町で、陶芸で知られる。
(31) ワイマールはドイツの都市で、十八―十九世紀にはゲーテ、シラー、ヘルダーなどがこの地に集まった。

(32) ゲーテ(一七四九―一八三二)。ドイツの詩人、作家。疾風怒濤時代の旗手。『若きヴェルテルの悩み』『親和力』『ファウスト』などの作品がある。
(33) ドストエフスキーの小説(一八四八)。

37

「読書、ラザロ(1)の甦り、単語の敷石を持ち上げること。」

ジョルジュ・ペロス（『窪み』）

（1）イエスの弟子。死後四日目にイエスにより復活させられたと伝えられるが、実話とは考えられていない（「ヨハネ伝十一―十二」）。

38

あの先生はなんらかの知識を教え込んだのではなく、自分の知っていることを提供したのだ。彼は先生というよりもトゥルバドゥール――サンティアゴ・デ・コンポステラ〔スペイン北部ガリシア地方の都市。キリスト教三大巡礼地の一つ〕へ行く道筋の宿屋に出入りし、文字の読めない巡礼者に武勲詩《ぶくんし》を語る言葉の軽業師――の名人だった。

何事にも始まりが必要であるように、彼は毎年自分の持つクラスの生徒たちを小説の起源の口頭伝承に集めたのだった。彼の声は、トゥルバドゥールの声と同じく、本の読み方を知らない聴衆に向けられた。彼は生徒たちの目を開けた。ランプに火をつけた。彼は終わりもなく確信もない巡礼、人間から人間へと進んでいくこと、本の道へ自分のまわりの世界を巻き込んでいった。

――一番大事なことは、先生がすべてを朗読してくれるということでした！　わたしたちが理解したいという気持ちに先生がただちに与えてくれたあの信頼感……　声を出して朗読する人間は、わたしたちを本の高さに引き上げます。その人は読むべき物をほんとうに提供するのです。

39

それに対し、本を読んで、本への愛情を広めるのだと称しているわたしたちは、作品の偉大さについてわたしたちが抱く敬虔《けいけん》な証言によって無口にされてしまった作品の解説者、解釈者、分析者、批評家、伝記作者、注釈者たる自分の方をたいていは好む。わたしたちの能力の要塞《ようさい》に占領された本の言葉が、わたしたちの言葉に道を譲る。わたしたちの口を通して作品の知性が話すままにしておくというよりも、むしろわたしたちは自分自身の知性に頼り、作品について話す。わたしたちは本の密使ではなく、「本を読まなければならない！　読まなければならない！」という寺院の扉を閉める言葉を言って、寺院のすばらしさを自慢する、当の寺院の宣誓した守衛である。

40

本を読まなければならない。これは青少年の耳に訴える原則的な要望である。わたしたちの論証がどんなにすばらしいものであっても……原則的な要望に他ならない。

生徒のなかで別の経路で本を発見した者たちは、本当に本を読みつづける。彼らのなかで最も好奇心のある者は、わたしたちの最も明快な説明の標識灯を頼りに自分なりの読書を続けていく。「本を読まない」者のなかで、最も思慮に富む者は、わたしたちのように、本の周囲のことを話すことを学んでいく。彼らは解説のインフレの技術（ぼくは十行読んで、十頁をひねりだす）、要約カードの作成（ぼくは四〇〇頁読んで、それを五頁にまとめる）、（あらゆる合格手引き書を作っている出版社で手に入る濃縮された文化の概説書で）適切な引用を漁ることにすぐれ、線型解析のメスをあやつることができ、「選文集」のなかで手際よく沿岸航行する専門家になり、その手際よさがバカロレア、学士号、さらにはアグレガシオン〔高等教育教授資格試験〕にまで確実に通じるのだが……必ずしも本への愛情には至らない。

他の生徒もいる。

本を読まず、意味がわからなくなるために非常に早い時期から恐怖に陥る生徒たち。
自分でばかだと思っている生徒たち……
永久に本を手にとらない……
永久に答えをしない……
そしてやがて質問もしなくなる。

41

夢を見てみよう。

これは文学のアグレガシオンで、課題と言われる試験問題である。

課題のテーマは、「『ボヴァリー夫人』における文学的意識の特性」である。

若い女性の受験者は、上の教壇でじっとしている六人の試験官よりもずっと下の自分の机に座っている。この試験の荘厳さに付け加えるとすれば、アグレガシオンの試験はソルボンヌ大学の大きな階段教室で行われることを言っておこう。何世紀も経った神聖な木の匂いがする。知識の深い沈黙。

階段席に散らばった親や友だちといったわずかな聴衆は、若い女性の心臓だけが恐れにリズムを与えているのを聞いている。下から上まであらゆるイメージが浮かび、階段教室の一番下にいる若い女性は、自分に残っている無知の極度の不安に押しつぶされている。

ちょっとぎしぎし言う音、押し殺した軽い咳払い。これが試験前の非常に長く感じられる時間だ。

若い女性の震える手がメモを自分の前に置く。彼女は知識の楽譜を開く。「『ボヴァリー夫人』における文学的意識の特性」。

試験委員長が右側に体を傾け、同僚のかつらをそっと持ち上げて、耳元で二言三言ささやく（これは夢なのだから、この委員長に牛の血のように真っ赤な礼服、高齢、アーミンの帯〔教授が正装に付ける垂れ布〕、そして冷徹なしわを強調するためにコッカースパニエル犬のようなかつらをあげよう）。補佐の試験官が重々しく賛意を示す（委員長よりは若く、ばら色の学識豊かな成熟ぶりで、同じ礼服、同じ髪型をしている）。委員長が左隣の人にささやいている間に、この人は隣の試験官に伝える。同意が机の両端まで行き渡る。

「『ボヴァリー夫人』における文学的意識の特性」。若い女性は、自分のメモに没頭し、考えが突然混乱したためにあわてふためいているので、試験官が立ち上がるのが見えない、試験官が教壇から下りてくるのが見えない、試験官が彼女に近づくのが見えない、試験官が彼女を取り囲むのが見えない。考えるために彼女は目を上げ、試験官のまなざしの網にかかっている自分を見出す。彼女はこわがらなければならないところだが、知らないということの恐れにあまりにも忙殺されている。この人たちはわたしのそばで何をしているのかしら、と思うのがせいぜいだった。彼女はまた自分のメモに没頭する。「……文学的意識の特性」。彼女は課題のプランを見失った。あんなにも明快なプランだったのに！　彼女は課題のプランをどうしたのか。論証の正真正銘の見通しをいったい誰が彼女に返してくれるのか。

——お嬢さん……

若い女性は委員長の声を聞きたくない。彼女は探す、知識のつむじ風のなかに飛び去ってしまった自分の課題のプランを探す。

——お嬢さん……

彼女は探すが、見つからない。「『ボヴァリー夫人』における文学的意識の特性」……彼女は探す、そしてその他のものはすべて、彼女が知っているものはすべて見つける。しかし、課題のプランは見つからない。課題のプランは、ない。

——お嬢さん、お願いです……

彼女の腕に置かれたのは委員長の手だろうか。(だいたい、いつからアグレガシオンの試験委員長は女性受験者の腕に手を置くようになったのだろうか。)子どもっぽい哀願だろうか。この委員長の声はあまりにも思いがけない。これは補佐の試験官たちがそれぞれの椅子の上で絶え間なく動き始めているからなのか(というのはめいめい自分の椅子を持って来て、全員が彼女のまわりに座っているからだ)……若い女性はとうとう目を上げる。

——お嬢さん、お願いです。……意識の特性はほっといてください。

試験委員長と補佐はそれぞれのかつらを取った。彼らにはとても幼い子どものようなほつれ毛があり、目を大きく見開いて、腹ぺこの人のように忍耐強かった。

——お嬢さん……『ボヴァリー夫人』の話をしてください!

——いや、そうじゃない！　あなたの一番好きな小説の話をしてください！

——そう、『悲しいカフェのバラード』[1]だ！　あなたはカーソン・マッカラーズが大好きなんだから、『悲しいカフェのバラード』の話をしてください！

——それから、あなたは『クレーヴの奥方』[2]を読み直したい気にさせてくれます。そうですよね？

——本を読みたい気持ちを起こさせてください！

——本当に読みたい気持ちを！

——『アドルフ』〔コンスタン〕[3]の話をしてください！

——『ディダラス』〔ジョイス〕[4]の眼鏡の章を読んでください！

——カフカがいい！　カフカの日記のどこでもいい……

——ズヴェーヴォだ！　『ゼーノの意識』[5]がいい！

——『サラゴサで見つかった草稿』〔ボルヘス〕[6]を読んでください！

——あなたの一番好きな本を！

——『フェルディドゥルケ』〔ゴンブロヴィッチ〕[7]！

——『馬鹿者どもの陰謀』〔ジョン・ケネディ・トール〕[8]！

——時計は見ないで。時間はたっぷりありますから！

——お願いです……

——話をしてください！

——お嬢さん……

——読んでください！

——『三銃士』〔デュマ[9]〕……

——『りんごの女王』〔チェスター・ハイムズ[10]〕……

——『ジュールとジム[11]』……

——『チョコレート工場の秘密』〔ロアルド・ダール[12]〕！

——『モトルデュの王子』〔ペフ[13]〕！

——『バジル』〔ヴェロニック・ルノルマン[14]〕！

（1）　アメリカの女性作家カーソン・マッカラーズ（一九一七―六七）の作品。『悲しいカフェのバラード』は五一年作。

（2）　ラファイエット夫人（一六三四―九三）の作品。古典主義文学の傑作であり、フランス心理小説の先駆をなす。

（3）　コンスタン（一七六七―一八三〇）。フランスの作家、政治家の作品で、初期ロマン主義の代表作。近代心理小説の先駆。

（4）　ジェイムズ・ジョイス（一八八二―一九四一）。アイルランドの小説家。他に『フィネガンズ・ウェイク』『ユリシーズ』など、いずれも難解で知られる。

（5）　ズヴェーヴォ（一八六一―一九二八）。イタリアの小説家。

（6）　ボルヘス（一八九九―一九八六）。アルゼンチンの作家。他に幻想的物語の『エル・アレフ』など。

（7）　ゴンブロヴィッチ（一九〇四―六九）。ポーランドの作家。他に『ポルノグラフィア』など。

(8) イギリスの推理小説作家。
(9) アレクサンドル・デュマ（一八〇二―七〇）。フランスの小説家、劇作家。他に『モンテ・クリスト伯』など。世界的な大衆文学作家である。
(10) チェスター・ハイムズ（一九〇九―八四）。アメリカの推理小説作家。他に『黒の殺人鬼』など。
(11) フランスの作家ロッシェの作品（ガリマール社）。
(12) ロアルド・ダール（一九一六―一九九〇）。イギリスの児童文学作家。推理小説作家。『来訪者』『魔法の指』『オズワルドおじさん』など。
(13) フランスの児童文学、絵本作家。
(14) ヴェロニック・ルノルマンは児童文学作家で、本書の著者ダニエル・ペナックの妻。

III　本を読みたい気持ちにさせる

42

仮に三十五人の若者がいるクラスがあるとしよう。だが残念なことに、そこに集まっているのは、一刻も早くグランドゼコール[1]の高い門をくぐり抜けるべく入念に選抜された生徒たちではなく、その他の連中、つまりバカロレア、それもどんな種類のバカロレアにも受かりそうもない成績のため、町の中心のリセから退学の憂《う》き目を見た生徒たちだ。

今は新学年の始まり。

彼らは座礁してここにたどりついた。

この学校に。

この教師の前に。

「座礁」、まさしくこの言葉がぴったりだ。昨日の友がみな、前途洋々たる「出世」行きの大型客船のリセに乗って沖に出てしまった今、岸に取り残され、学校という波から見捨てられた漂流物。新学年のいつものカードに、彼らは自分たちのデータを書き入れる。

氏名、生年月日……

備考欄には……

「数学はからっきしダメ……」「外国語に興味なし」……「集中力がない」……「文章を書くのが不得手」……「本には語彙《い》が多すぎる」（原文通り！　ほんと、原文のまま！）……「物理がまったくわからない」……「スペルのテストはいつも〇点だった」……「歴史はまあまあだが、年号が覚えられない」……「いろいろなことに失敗した」……「自分でもあまり勉強していないと思う」……「さっぱり理解できない」……「自分には難しすぎた」「記憶力がない」……「絵をかきたいと思っているが、あまり才能がない」……「自分には難しすぎた」「記憶力がない」……「基礎学力が欠如している」……「アイデアに乏しい」……「ぼくは語彙が少ない」等々……

もうだめだ……

彼らはこんなふうに自分のことを表現する。

始めもしないうちから終わり……

もちろん、彼らはむりにほんの少し個性を出している。そういうふうにしてみたいタイプなのだ。個人データカードは、日記と同様、自己批判に似たところがある。本能的に自分を卑下《ひげ》するのだ。それに、あらゆる点で自分を責めることで、彼らは多くの要求から避難している。学校は少なくとも彼らに運命の安楽さを教えることになる。数学やスペルのテストでいつも〇点を取ることほど精神衛生上よいことはない。〇点だと進歩の可能性を否定することによって、努力のさまざまな不都合がなくなる。だから、本には「語彙が多すぎる」という告白をしておけば、たぶん読書をしないですむのだろう……

だが実際の彼らは、自画像どおりではない。下手な映画監督が彼ら若者の自伝的電報を読んで想像するように、角張ったあごをしてうなだれている劣等生の顔ではない。

それどころか、彼らの頭には現代の複雑さがつまっている。バリバリのロッカーとして前髪をバナナのように立てて、サンティアゴ・ブーツを履き、ファッションの夢追い人としてバーリントンやシュヴィニョンの高級ブランド品を身につけ、オートバイがないライダーとしてペルフェクト(2)の革のブルゾンを着て、家庭の政治的雰囲気によって長髪だったり刈り上げだったり(3)……あそこにいる少女は、ひざのところが破れているジーパンと父親のダブダブのシャツを着ているし、別の少女はシチリアの未亡人のように黒ずくめだ（「世の中なんてわたしにはもう何の関係もないのよ」）。その隣にいるブロンドの少女はそれとは反対にエステティックに全財産を投資して、身体はポスターのようだし、女性雑誌の表紙のトップモデルの顔のようだ。

おたふく風邪や麻疹《はしか》が済んだと思ったら、流行という病気にかかる年頃というわけだ。

それに彼らの大半は背が高い！　教師の頭の上でスープが飲めるくらいだ。男の子は実にたくましく、女の子はすでに女らしい体つきをしている！

教師は思う。自分の青春時代はもっとぼんやりしたものだった……というより弱々しかった……自分は……戦後の粗悪品……マーシャルプラン(4)の脱脂粉乳……あの時代は、ヨーロッパの他の国々と同様、教師も復興中だった……

彼ら生徒の顔には努力の結果が現れている。

その健康さと流行に合わせる感覚は、彼らにまわりを威圧するような大人っぽさを与えている。彼らのヘアースタイル、服装、ウォークマン、電卓、彼ら特有の語彙、とりすました態度、それらは全部、彼らのほうが教師よりも時代に対する「適応」能力があることを物語っているようだ。教師よりもはるかに詳しい……

では何について詳しいのか。

それはまさに彼らの顔に秘められた謎……

大人っぽい様子ほど謎めいたものはない。

ベテランの教師でなかったら、教師は現実を述べる直説法現在形を取り上げられ、少々時代遅れだと感じるかもしれない…… 教師は二十年の教壇生活で子どもと若者たち……三千人以上の生徒を……見てきた。流行が移り変わるのを見た。どんどん移り変わってついに昔の流行が戻って来ているほどだ！

唯一変わらないのは、個人データカードの内容だ。どんな虚勢の中にも「落ちこぼれた者」の美意識というものがある。ぼくは怠け者で、ばかで、無能だ、いままでにやれるだけのことはしました。だからどうかほっといてください。ぼくの過去には未来がないのです……

つまり自分で自分を嫌っているのだ。そしてまだまだ子どもっぽい信念をわめき散らす。

結局、彼らは二つの世界の中間にいる。しかもその両方の世界とのコンタクトが絶たれている。

彼らは「ナウい」し、確かに「クール」だ（もちろん！）。だが学校は彼らを「こわがらせ」、さまざまな要求をつきつけて彼らを「指導にかかる」。彼らはもはやガキではないが、相変わらず大人になる日を待ちながら、「過酷な毎日を送っている」のだ……

彼らは自由になりたがっているが、自分たちは見放されていると感じている。

（1）大学とは別の高等教育機関の総称で、入学試験による選抜がある。

（2）バーリントン、シュヴィニョン、ペルフェクトはいずれも若者に人気のあるブランド名。ここでは生徒のあだ名に使われる。

（3）長髪は極左、刈り上げは極右の象徴。

（4）アメリカの軍人マーシャルが一九四七年一月国務長官に任命され、戦後のヨーロッパ経済の復興を目的として立てた計画のこと。

43

当然のことながら彼らは読書が嫌いである。本には語彙《い》が多すぎる。それにページ数も多すぎる。要するに本が多すぎる。

そう、確かに、彼らは読書が嫌いだ。

——読書の嫌いな人は手をあげて。

という教師の質問に、にょきにょきと林のようにあげられた手が、少なくともそれを表している。この質問はほとんど満場一致の意見に対するある種の挑発《ちょうはつ》だ。手をあげない者は少ない（とりわけシチリアの未亡人）が、そういう連中は質問に対して無関心を決め込んでいる。

教師は言う。

——いいだろう。君たちが読書が嫌いというのなら……わたしが本を読んであげよう。

言うが早いか、教師はかばんを開け、中から一冊の分厚い本を取り出す。つやつやした表紙の、ほとんど立方体のそれはそれは大きな本。人の想像の限界を越えた大きさの本だ。

——用意はいいかな？

我が目、我が耳を疑う彼ら。こいつがこの本を全部読むって？　一年かかっちゃうよ！　困惑……ある種の緊迫感……　一年かけて本を読もうなんていう教師がいるわけがない。とんでもない怠け者か、そうでなければ何かたくらんでいるにちがいない。何かわながあるんだ。毎日の語彙リストと休みなく続く読書レポートの宿題が出ることになるんだ……

彼らは互いに顔を見合わせる。数人の生徒が、念のために、自分の前に紙を置き、ペンを持って用意する。

――いや、ノートはとらなくていい。よく聞くように。それだけでいい。

ここで「姿勢」の問題が生じる。ボールペンと白い紙という逃げ道を絶たれたら、教室で体はどうなるのか。このような状況でいったいどうしたらいいのか。

――ゆったり座りなさい。リラックスして……

（とんでもない……リラックスして……なんて）

好奇心いっぱいで、ついに質問するのは、やはりバナナ・サンティアゴだ。

――その本を全部……大きな声でおれたちに読んでくれるんですか。

――もしわたしが小さな声で読んだら、君に聞こえるはずがないだろ……？

控え目な冗談。しかし若いシチリアの未亡人はこの手の冗談にはうんざりだ。全員に聞こえるくらいのよく響く声で、彼女は言い放つ。

――あたしたちもうそんな年じゃないわよね。

一般的に広まっている偏見《へんけん》……とりわけ読書という真の贈り物をされたことのない人たちが抱いている偏見。だがその他の人たちは、この種の楽しみに年齢などないことを知っている。

――今から十分後、そんな年じゃないと思うなら、手をあげなさい。そうしたら別のことに移ろう。いいかね。

――何の本ですか。

このぐらいじゃ驚かないぞといった口調でバーリントンが質問する。

――小説です。

――どういう話なんですか。

――読む前に話すのは難しい。さあ、用意はいいかな。交渉はこれで終わり。始めるよ。

彼らは用意ができた……懐疑心は消えないが、とにかく用意ができた。

――第一章。

「十八世紀のフランスに、とある男がいた。天才肌の、おぞましい男である。その種の人物が少なからず輩出したあの時代にあって、とりわけ天才肌で、この上なくおぞましい人物だった……」

44

（……）

「これから物語る時代には、町はどこも、現代の私たちにはおよそ想像もつかないほどの悪臭にみちていた。通りはゴミだらけ、中庭には小便の臭いがした。階段部屋は木が腐りかけ、鼠《ねずみ》の糞がうずたかくつもっていた。台所では腐った野菜と羊の油の臭いがした。風通しの悪い部屋は埃《ほこり》っぽく、カビくさかった。寝室のシーツは汗にまみれ、ベッドはしめっていた。室内便器から鼻を刺す甘ずっぱい臭いが立ちのぼっていた。暖炉は硫黄《いおう》の臭いがした。皮なめし場から強烈な灰《あ》汁《く》の臭いが漂ってきた。屠殺場一帯には血の臭いがたちこめていた。人々は汗と不潔な衣服に包まれ、口をあけると口臭がにおい立ち、ゲップとともに玉ねぎの臭いがこみあげてきた。若さを失った身体は、古チーズと饐《す》えたミルクと腐爛《ふらん》した腫《は》れ物の臭いがした。川はくさかった。広場はくさかった。教会はくさかった。宮殿もまた橋の下と同様に悪臭を放っていた。百姓とひとしく神父もくさい。親方の妻も徒弟に劣らずにおっていた。貴族は誰といわずくさかった。王もまたくさかった。悪臭の点では王と盗人と、さして区別はつかなかった。王妃もまた垢《あか》まみれの老女に劣らずくさかった。冬も夏も臭気はさして変わらなかった……」*

＊　パトリック・ジュースキント『香水　ある人殺しの物語』、池内紀訳、文藝春秋、一九八八年、五―六ページ（フランス語訳はベルナール・ロルトラリー）。

45

親愛なるジュースキント様、心からお礼を申しあげます。ページからプンプンと立ち上る香りは、鼻孔をふくらませ、おかしくて腹の皮がよじれそうです。ここにいる三十五人、あなたの本など全然読む気のなかった彼らほどあなたの『香水』の熱烈な読者が今までにいたでしょうか。どうか信じてください。十分後には、若きシチリアの未亡人はあなたが自分の年齢にぴったりだと思っていたのです。あなたの文章に必死で笑いをこらえ、わずかに顔をゆがませている姿は、感動的でさえありました。バーリントンはしっかりと目を見開き、耳を傾け、誰かがあたりかまわぬ大笑いをするやいなや、「しっ！　黙ってろよ！」と注意するのです。三十二ページ付近、マダム・ガイヤールの施設にいるジャン＝バチスト・グルヌイユを、一生待ち伏せている毒虫にたとえるところ（「ひたすら木にへばりついている孤独な虫だ。何も見ない、何も聞かない、鳴き声一つたてない。ただ嗅《か》いでいる。年がら年中、嗅覚をとがらせ、はるか彼方まで嗅いでいる。生きものがそばを通りすぎても……」）、さて、あのあたりからジャン＝バチスト・グルヌイユのじめじめした深みに初めて下りていくと、おやおや、バナナ・サンティアゴは腕に顔をうずめて眠り込んでしまいました。規則正しい寝息をたててすっかり眠っています。いや、いや、起こさなくてもいいんだよ。子守唄を聞いた後の一眠りは最高だ。これは読書という領域の中で一番最初の楽しみでさえあります。バナナ・サンティアゴはすっかり安心しきって、小さな子供に戻っています……あまり大きくなっていません……そして終業のベルが鳴ると、彼は叫びます。

——ちくしょう！　寝ちゃったじゃないか！　ガイヤールばばあの家でいったい何が起こったっていうんだ？

46

今は亡き、あるいは今もご健在の作家の皆様、マルケス様[1]、カルヴィーノ様[2]、スティーブンソン様[3]、ドストエフスキー様、サキ様[4]、アマド様[5]、ガリ様[6]、ファンテ様[7]、ダール様、ロッシェ様[8]にもお礼を申しあげます！　読書嫌いな三十五人全員、教師があなたがたの本の最後にたどりつくまで待てずに、教師より先に読んでしまいました。一晩で楽しめることを、来週まで延ばす理由はありませんからね。

——ジュースキントって、だれなんですか。

——まだ生きてるんですか。

——他にどんな本を書いているんですか。

——『香水』はフランス語で書いたんですか。まるでフランス語で書いたみたいですね。（翻訳者のロルトラリーさん、ありがとう。翻訳者の皆さん、ペンテコステ[9]の光、ありがとう！）

そして、数週間後……

——『予告された殺人の記録』〔ガルシア＝マルケス〕って、すごい！　でも『百年の孤独』〔ガルシア＝マルケス〕は、先生、何の話なんでしょうか。

——ファンテです、先生。ファンテですよ。『ぼくの間抜けな犬』！　あれは本当におもしろいんですから！

——アジャール、じゃない、ガリの『これからの人生』……もう最高です〔エミール・アジャールはロマン・ガリの別名〕！

——ロアルド・ダールって、すげえ話を書くんですよ！　冷凍の羊のもも肉で殴って自分の情夫を殺した女が、警官にその証拠物件の肉を食わせる話なんて、もうほんとにおかしくって、おかしくって！

　ふむ、ふむ、なるほど……批評の面ではまだ洗練されていない……だが、いまにできるようになる……読ませておこう……そう、いまに……

——先生、結局『まっぷたつの子爵』〔カルヴィーノ〕と『ジキル博士とハイド氏』〔スティーブンソン〕と『ドリアン・グレイの肖像』〔ワイルド〕、この三冊はほぼ同じテーマを扱っていますね。善と悪、分身、良心、誘惑、社会のモラル、そういうこと全部ですよね？

——そうだね。

——ラスコーリニコフ(10)は「ロマンチックな」人物と言えますか。

　どんなもんです……この批評ぶり。

（1）　ガブリエル・ガルシア＝マルケス（一九二八―　　）。コロンビアの作家、政治家。後出の作品の他に『族長たちの秋』など。

（2）　イタロ・カルヴィーノ（一九二三―八五）。イタリアの作家。観念的なＳＦ、ファンタジーで知られ、児童文学でも高い評価を得ている。後出の作品の他『木のぼり男爵』など。

（3）　スティーブンソン（一八五〇―九四）。イギリスの小説家。後出の作品の他『宝島』が有名。

（4）　サキ（一八七〇―一九三〇）。イギリスの作家、詩人。異常な心理を描く短編で知られる。『ある微笑』など。

（5）　ホルへ・アマド（一九一二―二〇〇一）。ブラジルの作家。『奇跡の店』など。

（6）　ロマン・ガリ（一九一四―八〇）。フランスの作家。死後エミール・アジャールと同一人物であることが判明した。『これからの人生』はアジャールの名で出版。

（7）　ジョン・ファンテ。アメリカの現代作家。

（8）　フランスの現代作家。『ジュールとジム』など。

（9）　ペンテコステは聖霊降臨の主日で、復活祭後の第七日曜。

（10）　ドストエフスキー『罪と罰』の主人公で理論的殺人者。

47

しかし奇跡は何も起こらなかった。この件に関して、教師の功績はほとんどなきに等しい。読書の楽しみは、ひそかな恐怖、つまり理解できないという（はるか昔からある）恐怖によって、きわめて近いところ、青年の屋根裏部屋に閉じこめられているからだ。

彼らは単に、本とは何か、本の中に何があるかを忘れていただけだった。たとえば、小説はまず何よりも作り話であることを忘れていた。だから小説は小説として読まなければならないこと、つまりまず何よりもわたしたちの物語に対する渇きをいやすはずであることを忘れていた。

この渇きをいやすため、彼らは長い間小さなテレビの画面に頼っていた。相互に交換可能なステレオタイプのアニメやシリーズもの、連続ドラマにスリラーが、終わりのない単純な繰り返しのように、次から次へと続く流れ作業で作り出される。それがわたしたちの一日分の「フィクション配給量」だ。それは腹いっぱい食べるのと同じように、頭をいっぱいにし、飢えを満たしてはくれるが、栄養にはならない。あっと言う間に消化してしまう。見た後も、見る前と同じ孤独感を味わうことになる。

『香水』を教室でみんなで読んだときには、ジュースキントが現れた。一つの物語、確かに、面白くて、奇想天外の、みごとな物語だったが、同時に声もあった。ジュースキントの声が（後に、小論文を書くときにそれを「文体」と呼ぶことになる）。なるほど一つの物語ではあるが、誰かによって語られた物語。

――先生、この最初の部分ですが、信じられない書き方がしてあるんです。『寝室はくさかった……人々はくさかった……川はくさかった。広場はくさかった。教会はくさかった……王もまたくさかった……』ぼくたちにはこういう繰り返しは禁じられているのに！　でも、見事ですよね？　これっておかしいけど、うまいなあ。ちがいますか。

そう、そのとおり。文体の魅力は物語のすばらしさをますます浮き立たせる。最後のページをめくると、そこにはわたしたちの相手をする声がこだましている。それにジュースキントの声は、翻訳と教師の声という二重のフィルターを通しても、マルケスの声――「それが誰の声かはすぐにわかる！」――でもなければカルヴィーノの声でもない。そのためにあの不思議な印象を受けることになる。つまり、ステレオタイプの小説がみんなに同じ言語を話しているのに、ジュースキントやマルケスやカルヴィーノは彼ら独自の言葉を使って、わたしだけに話しかけ、わたしのためだけに――若きシチリアの未亡人、オートバイのないペルフェクト、バナナ・サンティアゴ、バーリントンのためだけに――物語を語っているという印象である。そしてこの「わたし」はもはや彼ら作家の声を混同することはないし、特定の作家をおおっぴらにひいきする。

「長い歳月がすぎて銃殺隊の前に立つはめになったとき、おそらくアウレリャーノ・ブエンディーア大佐は、父親に連れられて初めて氷を見にいった、遠い昔のあの午後を思い出したにちがいない。そのころのマコンドは、先史時代の怪獣の卵のようにすべすべした、白く大きな石がごろごろしている瀬を澄んだ水がいきおいよく落ちていく川のほとりに、竹と泥づくりの家が二十軒ほど建っているだけの小さな村だった。*」

――『百年の孤独』の最初の文章を暗記してしまいました。「先史時代の怪獣の卵のようにすべすべした、白く大きな石……」

（マルケス様、ありがとうございます。あなたのおかげで、好きな小説の最初の文章とか気に入った一節を拾い出して覚えるというゲームが生まれました。一年間続くことでしょう。）

――ぼくは『アドルフ』の最初の部分、内気についてのところを暗記しました。「わたしは父がわが子に対してすら内気だったことを知らなかった。そして、父の見かけの冷たさは、父に愛情を示すことをわたしに禁じているように見えたが、父がこの愛情のしるしを永いことわたしから期待したあげく、眼をうるませてわたしを離れ、わたしに好かれないといって、他の人たちに歎いていたことをも知らなかった。**」

――親父と俺そっくりだ！

これまで彼らは閉じた本を前に、殻《から》に閉じこもっていた。だが今、彼らは手足をのびのびと伸ばし、ページの中を泳いでいる。

本との和解に教師の声が寄与したことは言うまでもない。暗号解読のための努力を無理強いせず、シチュエーションをはっきりと描き出し、舞台装置を据え付け、登場人物を具体化し、テーマを強調し、ニュアンスを際立たせ、写真の現像液の役割を可能な限りはっきりと果たすことによって。

ところが、あっと言う間に、教師の声がじゃまになる。つまり教師の声はもっと微妙な喜びに寄生する楽しみだ。

――先生が読んでくださってとても助かりました。でも、あとで、また一人で本と取り組めるのがうれしいです。

教師の声――贈られた物語――は、わたしを書かれたものと和解させることによって、わたしに錬金術師のひそかな静かな声――紙の上に書かれた「おかあさん」が実際の生活のなかの母であることに、十年くらい前に感激したあの声――に対する関心をもたらしたからだ。

小説の真の楽しみは、一言でいえば、作者と自分とのあの逆説的な親密さを発見することである。この書かれたものの孤独は、わたし自身の孤独な無言の声によってテクストを復活させることを求めているのだから。

ここでは教師は仲介人でしかない。教師は忍び足でおさらばする時が来た。

＊　ガブリエル・ガルシア＝マルケス『百年の孤独』、鼓直訳、新潮社、一九七二年。
＊＊　コンスタン『アドルフ』、大塚幸男訳、岩波文庫、一九三五年。

48

わからないという脅迫観念に加えて、この連中と孤独な読書を和解させるために克服しなければならないもう一つの恐怖症、それは持続恐怖症だ。

本を読んでいる間、本は永遠の脅威と思われる！

教師がかばんから『香水』を取り出すのを見て、彼らはまず氷山の出現かと思った！（はっきり言っておこう。当の教師は——意識的に——ファイヤール社の普通の版、文字の大きな、ページ付けの間隔が広くて、余白がたっぷりあって、果てしない責め苦を予期させる、読書に反抗的な者たちの眼にはとてつもなく大きく見える本を選んだのだった。）

ところが、教師が読み出すと、氷山は教師の手の中でみるみるうちに溶けていくのが見える！　時間はもはや時間ではなく、一分が一秒のように過ぎていき、そして一時間が過ぎたときには四〇ページ読み終わっている。

教師は時速四〇ページで朗読する。

ということは、十時間で四〇〇ページ。週にフランス語が五時間として、一学期で二、四〇〇ページ読めるのだ！　一学年で七、二〇〇ページになる！　一、〇〇〇ページの小説が七冊！　一週間にたった五時間朗読するだけで！

驚異的な発見がすべてを変える！　要するに一冊の本を読むのにさほど時間はかからないということ。毎日一時間読むだけで一週間で二八〇ページの小説の最後まで辿り着けるのだから！　二時間ちょっと読めば、たった三日で読めてしまう！　三日で二八〇ページ！　つまり平日の六日間で五六〇ページ。本がほんとうに少しでも「クール」であれば――「先生、『風とともに去りぬ』って、ほんとにクールですね！」――そして、日曜日にはがんばって四時間の「残業」をしさえすれば、うまくいけば一六〇ページ読めて、全部で七二〇ページになる（これはまったく可能なことだ。日曜日といえば、郊外に住んでいるバナナ・サンティアゴは居眠りばかりしているし、バーリントンは両親に連れられて田舎の別荘へ行って時間を持て余しているのだから）！

あるいは、ごく当たり前の平均として時速三〇ページ読むとすれば、五四〇ページになる。

もっとゆっくり読んで時速二〇ページとすると、三六〇ページだ。

――一週間に三六〇ページだ！　君は？

諸君、数えてみてごらん、何ページ読んだか数えてみて……　作家だって同じことをしているのだ。一〇〇ページに達したら、見ものだよ！　一〇〇ページというのは小説家としては難所のホーン岬[1]を越えたようなものなのだから！　心の中で小びんを開け、軽くジーグを踊り、農耕馬のように体をぶるぶるっとふるわせ、それからまたインク壺《つぼ》に飛び込んで、一〇一ページ目に取りかかるのだ。さあ、行こう。（インク壺に飛び込む農耕馬とは、なんとたくましい想像力！）何ページ読んだか数えてみてごらん……　まず初めに読んだページ数が多いことに驚く。そして次の瞬間、残りのページ数の少なさに気づいて急に寂しくなる。あと五〇ページしかない！諸君にも今にわかる……　この寂しさほど快いものはない。分厚い二巻におよぶ『戦争と平和』……　だがあと五〇ページしか読むところがない。

ゆっくり、ゆっくり速度を落とす、他に方法はないのだから……

ついにナターシャはピエール・ベズーホフ[2]と結婚した。これで終わりだ。

（1）チリ領。南アメリカ最南端の岬。付近は波が荒く、航行の難所として知られる。

（2）ナターシャ、ピエールともにトルストイの『戦争と平和』の登場人物。

49

それはそうと、毎日の読書の時間を、いったいどこからひねり出したらいいのか。友だちと遊ぶ時間から？　テレビの時間？　通学や通勤の途中？　家族団欒《だんらん》の夜？　それとも宿題の時間から？

どこに本を読む時間を見つけたらいいのだろう。

これは重大な問題だ。

そして問題は一つではない。

本を読む時間についての問題が提起されるということは、すなわちその欲求がないことを意味する。なぜなら、よくよく考えてみると、誰も本を読む時間はないのだから。子どもも若者も大人も。人生そのものが読書の絶えざる邪魔物の一つである。

――読書？　本は読みたいとは思っているんですけど、仕事や子どもや家のことで、全然時間がないのよ……

――本を読む時間があるなんて、あなたがうらやましいわ！

でも、仕事をして、買物をして、育児をして、自動車を運転して、三人の男性を同時に愛して、歯医者に通って、来週引っ越しをする彼女が本を読む時間を見つけているのに、なぜ貞節で独身の年金生活者が見つけられないのか。

本を読む時間は、つねに盗まれた時間である。（手紙を書く時間、さらには愛する時間とまったく同じように。）

では、どこから盗んだのか。

たとえば生きる義務から。

おそらくそれが、地下鉄――生きる義務の固くなったシンボル――が、人々の最大の図書館である理由だ。

本を読む時間は、愛する時間と同じように、人生の時間を広げる。

もし時間の使い方という観点から愛というものを考えなければならないとしたら、いったい誰がわざわざ愛に手を出そうとするだろうか。誰が恋する時間を持つというのか。しかし愛する時間を持たない恋人など見たことがないではないか。

わたしには決して本を読む時間はなかったが、それでも好きな小説を読み終えるのを妨げるものは何もなかった。

読書は社会の時間の構造には属さない。それは愛と同じで一つのあり方だ。

問題は、わたしに本を読む時間があるかどうかではなく（もっともわたしに時間をくれる人など誰もいない）、読者としての幸福を自分で楽しむかどうかである。

　バナナ・サンティアゴはこの議論を破滅的コピーにまとめる。

――本を読む時間だって？　そんなの俺のポケットに入ってるよ。

　バナナ・サンティアゴがポケットから取り出した文庫本（ジム・ハリソンの『秋の伝説』10／18叢書）を見て、バーリントンが深く考え込んだ様子でうなずいた。

――そうなんだよな……ジャケットを買うときに大事なのは、ポケットの大きさが本を入れるのにちょうどいいってことさ！

50

「本を読む」ことを隠語では「紐《ひも》で手足を縛《しば》り上げる」と言う。
比喩的な言葉遣いでは「分厚い本」のことを「敷石」と呼ぶ。
その「紐」をゆるめてごらん。そうすれば「敷石」は「雲」になる。

51

読書と和解するための唯一の条件。それは読書と引き換えに何も求めないことである。まったく何も求めないことだ。本のまわりにどんな予備知識の城壁も築かない。いかなる質問もしない。どんな宿題も出さない。ページに書かれた言葉以外に一言も付け加えない。価値判断をしない、語彙《い》の解釈をしない、テクストの分析をしない、伝記的情報を求めない……「本の周辺のことをしゃべる」ことを絶対にしない。

読書は贈り物。

読む、そして待つ。

好奇心は押しつけられるものではなく、覚醒《かくせい》されるものだ。

読んで、読んで、どんどん読んで、見開いた眼と喜ぶ笑顔と新たにわいてくる疑問を信用すること、そうすると一つの質問が別の質問を呼ぶ。

わたしの中の教育者が「コンテクストの中で作品を紹介すること」をしないのを不快に思うのなら、その教育者に、さしあたり大事なコンテクストはこの教室というコンテクストであることを納得させる。

知識への道はこの教室まで達していない。だから彼らはこの教室から旅立たなければならないのだ！

今のところ、わたしは、本を読むのが好きではないと思い込んでいる聴衆に向かって、小説をいくつか読んでいる。この本を読むのが好きではないという錯覚を一掃し、仲介者としてのわたしの仕事がなくならない限り、まじめなことは何も教えられないだろう。

若者たちは本と和解するやいなや、自ら進んで、小説からその作者への道、作者からその時代への道、読んだ物語からその多様な意味への道を駆け巡っていく。

肝心なのは準備が整っていることだ。

足を踏ん張って雪崩《なだれ》のように押し寄せる質問を待つ。

――スティーブンソンってイギリス人ですか。

――スコットランド人です。

――いつ頃の人ですか。

――十九世紀のヴィクトリア女王時代。

――ヴィクトリア女王って長かったんですよね、確か……

――六十四年です。一八三七年から一九〇一年まで。

――六十四年も！

——ヴィクトリア女王はスティーブンソンの生まれる十三年前から統治し、スティーブンソンの死後、七年経って亡くなりました。君は今十四歳だが、女王が今王位についたとして、統治が終わるときには、君は七十九歳になっているというわけです！（平均寿命が三十歳代の時代だったのに。）それに、この女王は全然おもしろおかしい女王ではありませんでした。

——だからハイド氏が悪夢から生まれたってわけよね！

シチリアの未亡人の指摘に、唖《あ》然とするバーリントン。

——どうしておまえがそんなこと知ってるんだ？

謎めいた雰囲気のシチリアの未亡人。

——調べたんだもん……

それからさりげなく微笑んで、

——もう一つ教えてあげるわ。あれは楽しい悪夢だったの。スティーブンソンは眼を覚ますと書斎に閉じこもって最初の原稿を二日で書き上げた。でも妻はすぐに原稿を燃やすよう命じたの。盗む、暴行する、動くものは何でも喉を切って殺す、それほどまでに彼はハイド氏になりきってクールになっていたのよ！　こんなのを太った女王が気に入るわけがないでしょ。そこでジキル博士を作り出したってわけ。

52

しかし、声を出して読むだけでは不十分だ。読むと同時に話をして、わたしたちの宝を与え、何も知らない暗闇の海岸にその宝をぶちまけなくてはならない。ほら、聞きたまえ、見たまえ。物語はこんなにも美しい！

読書欲を刺激するために一番良い方法は、あふれるばかりの本の存在に気づかせることである。ジョルジュ・ペロスのあの女子学生も感動してこう言っていた。

――先生は朗読するだけではありませんでした。先生は話をしてくれたのです！『ドン・キホーテ』〔セルバンテス〕や『ボヴァリー夫人』〔フロベール〕をわたしたちに語ってくれました！批判的知性の途方もなく大きな断片。でもそれを先生はまず初めに簡単な物語として聞かせてくれました。サンチョは、先生の口にかかると、命の革袋となり、悲しげな顔の騎士は、ひどく苦しい確信で武装した大きな骨の束となります！先生が語ってくれたエンマは「古い閲覧室のほこり」に毒された、ただのばかな女ではなく、驚くべきエネルギーの袋でした。そしてペロスの声を通して、あのとんでもなく大きな瓦礫《がれき》の山の前で冷笑するフロベールの声が聞こえたのです！

親愛なる司書および教会の管理人の皆さん。世界中のあらゆるタイトルが、あなたがたの記憶の完璧な構造の中で、それぞれに居場所を見つけたことは幸福なことであり（あなたがたがいなければ、空き地を思わせるような記憶力のわたしに、どうやって見当がつけられるだろうか）、さらにあなたがたを取り囲む棚の中に整頓された、あらゆるテーマに通じていることは驚異的なことだ……しかし、いろいろな読書の可能性のある森で迷子になった訪問者に、あなたがたが自分の好きな小説を語るのを聞くのもいい……あなたがたの読書の最良の思い出を彼らに献呈するのはなんてすばらしいことか。語り手――魔法使い――になりなさい。そうすれば本は書棚から読者の手の中にまっすぐに飛び出していく。

小説を話すのは非常に簡単だ。時には三つの言葉だけで十分だ。

子供の頃の夏の思い出。昼寝の時間。ベッドに腹這いになり、頬杖を付いて、分厚いリーヴル・ド・ポッシュ〔文庫本の名称〕に夢中になっている兄。弟が「何、読んでるの？」と兄にいらぬお節介をする。

兄――『雨季来る』さ。

弟――おもしろい？

兄――ああ、すごくおもしろいよ。

弟――どういう話なの？

兄――ある男の話さ。初めはウイスキーをたくさん飲んで、最後に水をたくさん飲むんだ！

その夏、わたしにはもうこれ以上コメントは必要なかった。兄が読み終えることができなかった、ルイス・ブロムフィールド(1)の『雨季来る』*を黙って失敬して、それにどっぷり漬かって夏の終わりを過ごしたから。

＊　大久保康雄訳、角川文庫（上中下）。
(1)　ルイス・ブロムフィールド（一八九六―一九五六）。アメリカの作家。

53

ジュースキント、スティーブンソン、マルケス、ドストエフスキー、ジョン・ファンテ、チェスター・ハイムズ、ラーゲルレーブ[1]、カルヴィーノ。思いつくまま、代償なしに読んだ小説のすべて、語られる物語のすべて、読書の快楽のための読書という無秩序なあの饗宴《きょうえん》……それはすべて結構だが、カリキュラムが……ちくしょう、授業計画がある！　光陰矢のごとく、カリキュラムはいまだ着手されず。一年が過ぎていく恐怖、カリキュラムが消化しきれないという脅威……

あわてることはない。カリキュラムは、いわゆる大きさ別に等級の付けられる果物をならせる木と同じように、処理されるだろう。

バナナ・サンティアゴの思惑に反して、教師は一年中本を朗読して過ごすつもりはない。ああ、なんてことだ！　どうしてこんなにも早く、孤独な黙読の楽しみが呼び覚まされたのか。教師がある小説を大きな声で読み始めるとすぐに、彼らは次の授業の前に「続き」を求めて図書館に駆けつける。教師が二つか三つの物語を語るや……「先生、結末は言わないで！」……彼らはその物語の載っている本を一気に読んでしまう。

（しかし、この全員一致に教師はだまされてはいけない。教師が魔法の棒の一振りで、一〇〇パーセント本嫌いな者たちを読者に変貌させたのは、つい最近のことではない。新学年の初めには全員が本を読む。確かに、恐怖を克服して、熱狂して、競争心から読む。望もうと望むまいと、おそらく教師を喜ばせようとして、少し読むのだろう……だが、教師は炭火の上で惰眠《だみん》をむさぼっていてはならないのだ……激しい熱気ほど速く冷めるものはない。これはしばしば経験したことではないか！　しかし今のところ、毎回特製のカクテルの影響を受けて、彼らは一人のこらず本を読む。そのカクテルのため、信頼で結ばれたクラス三十五人が、それぞれにはっきりと個性を保ちながら、個人として行動する。だからといって、いったん大人になったとき、この生徒たちの一人一人が「読書好き」になるというわけではない。おそらく別の楽しみのほうが文章の楽しみに勝るだろう。いずれにしても、新学年の最初の数週間、読むという行為に対し――例の「読む行為」だ！――、誰一人として恐怖を感じなかったため、彼らが時としてすごいスピードで読むことは事実である。）

　しかし、それでは、これらの小説がそんなに速いスピードで読めるのはなぜなのか。読みやすいからか。「読みやすい」とはどういう意味か。『コスタ・バーリングの伝説』〔ラーゲルレーヴ〕は読みやすいだろうか。『罪と罰』は読みやすいのか。『異邦人』[2]や『赤と黒』[3]よりも読みやすいか。いや、そうではない。これらの小説がカリキュラムに入っていないからだ。彼ら生徒の教養を計画的に高めていくために学者の選んだどの作品もすぐに「つまんない」と言ってのけるシチリアの未亡人の仲間たちにとって、このうえなく大切なことは、まず第一に、カリキュラムに入っていないということだからだ。あわれな「カリキュラム」よ。もちろんカリキュラムには責任はない。(ラブレー[4]、モンテーニュ、ラ・ブリュイエール[5]、モンテスキュー[6]、ヴェルレーヌ[7]、フロベール、カミュ。彼らが「面白くない」って? まったく冗談じゃない……)カリキュラムに入っている文章を「つまんない」ものにする恐怖があるだけだ。理解できないという恐怖、的外れの答えをするのではないかという恐れ、文章の上にそびえ立つ他者への恐怖、不透明な物質とみなされるフランス語への恐怖。これほどまでに文字を曇らせ、文という川の底に意味を沈めてしまうものはない。

サリンジャー[8]の『ライ麦畑でつかまえて』がカリキュラムに入っているという理由だけで、彼らと同い年のアメリカの生徒たちは困っているという教師の言葉に、バーリントンとペルフェクトの二人は真っ先に驚いた。この本を大いに楽しんで読んだばかりだったからだ。アメリカでは、教師がサリンジャーを生徒に売りつけることで精根尽き果てている時に、『ボヴァリー夫人』をこっそり読んでいるテキサスのペルフェクトがおそらくいるにちがいない!

ここでシチリアの未亡人が発言(ちょっと余談開始)。

――先生、本を読むテキサス人なんていません。

――ああ、そうですか。どこでそれを知りましたか。

――連続テレビドラマの『ダラス』です。『ダラス』の登場人物の中で、本を手にしている人を一人でも見たことがありますか。

（余談終了）

要するに、あらゆる本の中を飛び、パスポートなしで外国の作品（とりわけイギリス、イタリア、ロシア、アメリカの作品は「カリキュラム」からはずれることが多い）の中を旅しながら、読めるものと和解した生徒たちは、読むべき作品に同心円状に近づき、やがて、『クレーヴの奥方』が「ごく普通の」小説であると同時に、他の小説と同じくらい美しいものとなったために、素知らぬ顔でそれに没頭する……（愛に守られた愛のこの物語は、このうえなく美しく、またすぐに体を許すとやや性急に言われている現代の若者に、実はふしぎなほど親しみやすいのだ。）

「親愛なるラファイエット夫人、

このお知らせがあなた様の興味を引くようであれば、ほとんど「文学的」でなく、やや「落ち着きのない」リセの一年生のクラスで、あなた様の『クレーヴの奥方』が今年度読書ベストテンに選ばれたというニュースを、わたしは入手いたしております。」

カリキュラムが実行され、したがって小論文やテクストの分析（実に体系的で美しい一覧表だ）、構成のしっかりした解釈やレジュメ（要約）やディスカッションのテクニックがきちんと伝えられ、このからくり全体が完璧に調整される。それらはすべて、試験当日に、わたしたちが気晴らしのためだけに読んだわけではなく、理解したこと、またるため、理解するために血の滲むような努力をしたのだということを試験官たちにきちんとわからせ理解するためだ。

わたしたちが何を「理解した」かという問題（究極の問題）は、関心を引かずにはおかない。テクストを理解したかって？　そう、もちろんだ……だがとりわけ理解したのは、読書といったん和解したら、テクストはわたしたちを麻痺させる謎という身分を失い、その意味を理解しようとするわたしたちの努力が楽しみとなることであり、また理解できないという恐怖にいったん打ち勝ったら、努力や楽しみという観念は、互いのために強力に働くということである。ここでのわたしの努力は、わたしの楽しみが大きくなることを保証し、理解するという楽しみは、努力の激しい孤独の中でわたしを陶酔させるほどなのだから。

さらにわたしたちは別のことも理解した。多少遊び心も手伝って、「どういうふうにやるのか」、「テクストについて話す」時のこつと方法、あるいは試験やコンクールという市場で自分をアピールするこつと方法を理解した。隠してもむだだ。それこそが作戦の目的の一つなのだから。試験や就職に際して、「理解する」とは人がわたしたちに何を期待しているかを理解することである。「よく理解された」テクストとは、巧みに取引されたテクストのことだ。若い受験者が、難解と評判のアレクサンドラン〔十二音綴の詩句〕の一つを巧妙に――ただし大胆すぎずに――解釈してみせた後で、何食わぬ顔で試験官に視線を投げかけるとき、受験者が試験官に求めているのは、この駆け引きの配当金である。（「試験官は満足している様子だから、この道を続けよう。

この道はまっすぐ成績評価に通じている。」)

この観点からすると、学校でのよい文学教育とは、戦略と同時にテクストの正しい理解を教えることである。だから「出来の悪い生徒」とは、往々にして、悲惨なほど戦術的才能に欠けた子どものことである。ただ、「出来の悪い生徒」は期待に答えられない恐怖心から、やがて学校教育と文化を混同し始める。学校から見捨てられて、自分は読書の最下級賤民《せんみん》だとたちまち思い込む。「読む」ことはそれ自体エリート的行為であると考え、過去において尋ねられたときに話すことができなかったことが原因で、一生本を読まないで過ごす。

したがって、「理解」すべきものは、まだ他にもあるのだ。

(1) ラーゲルレーブ(一八五八―一九四〇)。スウェーデンの女性作家。『ニルスのふしぎな旅』で、ノーベル文学賞受賞。

(2) アルジェリア出身のフランスの作家アルベール・カミュ(一九一二―六〇)の小説。

(3) フランスの作家スタンダール(一七八三―一八四二)の小説。

(4) ラブレー(一四九四頃―一五五三)。フランスの作家、医者。フランス・ルネサンスを代表するユマニスト。『パンタグリュエルとガルガンチュワの物語』全五巻。

(5) ラ・ブリュイエール(一六四五―九六)。フランスのモラリスト。『人さまざま』など。

(6) モンテスキュー(一六八九―一七五五)。フランスの政治思想家、歴史家。『法の精神』で三権分立の理論を展開した。他に『ローマ人盛衰原因論』。

(7) ヴェルレーヌ(一八四四―九六)。マラルメ、ランボーとともにフランス象徴主義の代表的詩人。『言葉なき恋歌』や上田敏訳『海潮音』など。

(8) サリンジャー(一九一九―　)。アメリカの小説家。『ライ麦畑でつかまえて』は現代の青春小説の古典になっている。

54

「理解」しなければならないもう一つのこと。それは、わたしの息子や娘や若者たちが本を解釈するためにではなく、読みたかったら読むように本は書かれているということである。

わたしたちの知識、学校教育、職業、社会生活と、読者としての親密さや文化はまったく別のものである。確かに大学入学資格者、学士、高等教育教授資格者（アグレジェ）、国立行政学院卒業生（エナルク）を養成することは必要で、社会はそれらの人材を欲しがっている。これは議論の余地がないほど明白な事実である……　しかしあらゆる本のページをすべての人に開くことのほうがどれくらい重要かしれない。

学校生活の間中、小中学生や高校生は、注釈や解釈を義務づけられる。こうした形式の義務は彼らをふるえあがらせ、ついには本から莫大な数の仲間たちを奪うことになる。今世紀末になっても事態は一向に改善されてはいない。解釈があまりにも幅をきかせているため、たいていの場合、眼に見える解釈の対象をわたしたちから奪うほどである。解釈、解釈と言うこのざわめきは、正道を踏み外した名を持っている。すなわち「コミュニケーション」……

一つの作品について若者に話すこと、彼らにその作品について話させること、それは非常に有益であることがあるが、しかしそれ自体が目的ではない。目的、それは作品である。彼らの手の中にある作品。そして読書に関して、彼らが持つ最初の権利は、黙っている権利である。

55

新学年が始まって何日かたつと、わたしは生徒たちに書棚について話させることがある。本のことではなく、わたしが本を整理して並べておく場所、つまり本棚。ところが彼らがわたしに話してくれるのは壁についてである。きちんと整頓《せいとん》され、何者も絶対に入り込めない、知識の絶壁。ぶつかれば跳ね返されるしかない壁。

——それで、読者は？　読者について話してください。

——本当の読者についてですか。

——それでもいいよ。ただし君たちが何をもってして本当の読者と呼ぶのかは知らないけどね。

なかでも最も「丁寧《ていねい》な」生徒たちはわたしにこう話す。大昔の隠者のような、父なる神自身が大昔から本の山の上に座り、おそらくすべての事柄の謎を理解するまで、意味をしゃぶりつくした、と。別の生徒たちは、本に没頭しすぎて人生の扉という扉全部にぶつかる、極度に自閉症の人のポートレートを素描してみせる。本好きな人のないないづくしをして、凹版画のポートレートを描く生徒たちもいる。本好きな人は、スポーツマンではなく、活発でもなく、面白くもなく、

「食い物」も、「ファッション」も、「車」も、テレビも、音楽も好きでなく、友だちにも興味がない……と。そしてもっと「策略家」の生徒たちは、知識を増やし、明晰《めいせき》さに磨きをかけるために本を駆使する方法を心得ている、本好き人間の堅苦しい影像を教師の前に建てる。そして一部の生徒はこれら様々なスタイルの混合型であるが、誰一人として自分自身について、自分の家族の一人について、あるいは毎日地下鉄の中で出会う無数の本好き人間たちの一人について描写するものはいない。

わたしが彼らに「本」について話すように言うと、クラスの中にはUFOが着陸する。気味が悪いほどシンプルなその形と、どんどん複雑さを増すその機能ゆえに実にミステリアスで筆舌につくしがたい物体。あらゆる能力とあらゆる危険を負わされた「異物」。神聖で、限りなく大事にされ、尊重され、謎めいたまなざしで崇拝者集団から崇拝されるために司祭のような仕種《しぐさ》で完璧な書棚の棚に整頓された物体。

聖杯。

なるほど。

他でもない本好きのわたしたちが本を取り扱うやり方で、もっと「現実主義的な」描写を行って、彼らの頭にわたしたちがたたきこんでしまった本についての見方を少しでも神聖視しないように努めよう。

56

本ほど絶対的な所有感覚を呼び覚ます物はめったにない。本はわたしたちの手の中に落ちるや、わたしたちの奴隷となる――いかにも奴隷だ、なぜなら生体構成物質だから。だが誰も解放してやろうなどとは思わない奴隷だ、なぜなら枯れ葉だからだ。奴隷として、本は盲目の愛あるいは恐ろしい怒りの結晶ともいうべき最悪の扱いをうける。本のページを折り曲げる（ああ、いつもながら何たる傷。折り曲げられたページのあの悲惨な光景！「だってどこまで読んだかわかるようになんだ！」）、本の表紙の上にコーヒーカップを置く、その丸いしみ、あのトーストの食べ残し、あの日焼け止めオイルのしみ……読んでいる最中に親指でパイプにタバコをつめるためにあちこちに残された親指の指紋……おふろに落ちた後、ストーヴの上で情け無い姿で乾かされるあのプレイアード版(1)（「きみのおふろだけど、ぼくのスウィフトだよ！」(2)）……幸いにも判読できないコメントがなぐり書きされた余白……蛍光ペンで彩られた段落……まるまる一週間、伏せて開けっぱなしになっていたため決定的に不具となった本……石油のような艶《つや》のある透明なプラスチックの下品なカバーで言わば保護されている別の本……死んだ鳥のように散らかった本でできた大浮氷の下に消えてしまったベッド……屋根裏部屋でかびにまみれ、打ち捨てられたフォリオ〔文庫本の名称〕の山……もう誰も読まなくなったために、もう誰も行かない別荘に島流しにあった、子どもの頃の哀れな本……奴隷商人に二束三文で売り飛ばされたセーヌ河岸の古本……

すべてを、わたしたちは本にすべてを忍従させる。だが、唯一わたしたちを悲しませるのは、他の人々が本を虐待《ぎゃくたい》する、そのやり方だ……

そんなに古い話ではないが、わたしはこの眼で、すごいスピードで走り去る車の窓からある女性が分厚い小説を放り投げるのを見た。それはとても値段の高い本で、非常に有能な批評家を信用して買ったのだが、まったく失望させるものだったのだ。小説家トニーノ・ベナッキスタの父親は、タバコを巻くのにプラトン[3]を使ってしまった！　アルバニアのどこかの戦争捕虜だった彼、ポケットの奥にわずかに残ったタバコ、『クラチュロス[4]』一冊（そこでクラチュロスが何をしていたのかはわからない）、一本のマッチ……そこでシュッとやった！　ソクラテス[5]との新しい対話法とは……のろしである。

同じ戦争による、もっと悲劇的な結末を紹介しよう。アルベルト・モラヴィア[6]とエルザ・モランテ[7]は、数か月の間、羊飼いの小屋に隠れていなければならなかったが、『聖書』と『カラマーゾフの兄弟[8]』の二冊しか持ち出すことができなかった。そこから起こったひどく不愉快なジレンマ――この二冊の名作のうち、どちらをトイレット・ペーパーとして使用すべきか。どんなに残酷なものであれ、選択は選択である。彼らは断腸の思いで選んだ。

本をめぐって行われる発言がどんなに神聖でも、スペインのマヌエル・バスケス＝モンタルバン[9]のお気に入りの登場人物、ペペ・カルヴァリョが毎晩愛読書のページを燃やして火をおこすことを妨げるような人は生まれてはいない。

それは愛の代償、親密さの身の代金である。

わたしたちが読み終わるやいなや、その本はわたしたちのものとなる。ちょうど子どもが「これはぼくの本だ」と言うのと同じである……　わたし自身にとって不可欠な部分になる。借りた本をなかなか返せないのは、おそらくこのためだろう。これは厳密にはどろぼうではない……（とんでもない、わたしたちはどろぼうなんかじゃない……）言わば、所有権の地滑り、もっと正確に言えば、実質的な譲渡《じょうと》である。持ち主の監視の眼にさらされていたものが、わたしの眼がそれを食べている間にわたしのものとなるのだ。もし自分が読んだものを好きになったら、それを「返す」のに何らかの困難を覚えるのは確かだ。

わたしはここで、わたしたち一人一人がどのように本を扱っているか、その方法についてのみ話している。だが専門家は本をていねいに扱わない。たとえば、文庫本がもっと採算の合うように、活字すれすれに紙をカットする（酸素不足で発育を妨げられている活字ばかりの余白のないテクスト）、読者に金を出したことだけのことはあると思わせるため、ちっぽけな小説をゴム風船のようにふくらます（あまりに白いところが多くて面食らっている文章で薄められたテクスト）、派手な色の大きなタイトルが、一五〇メートルも離れたところから、「君はもう読んだか」

「君はもう読んだか」とわめいている「カバー」をつける。さらには、ふにゃふにゃの紙とくだらないイラストで妙ちきりんになってしまったボール紙のような表紙で「読書クラブ」版を作り、あふれんばかりの金箔《きんぱく》で合成革を飾り立てると称して、「豪華」版を作りたいと言い張る。

超消費社会の産物である本は、ホルモンづけでむりやり餌を食べさせられているにわとりとほぼ同程度に大事にされ、核ミサイルよりはずっとないがしろにされている。もっとも促成ホルモンづけのにわとりのたとえは根拠がないわけではない。その週に女王が死んだり、大統領が失脚《しっきゃく》したために、一週間で書き上げられた、五万とある「時事的な」本に当てはめてみればよいのだ。

この角度から眺めてみると、したがって本は、消費の対象以上でも以下でもないし、他のものと同様、かげろうのようにはかないものである。「当たらなければ」、即座に廃棄《はいき》処分だ。多くの場合、読まれることなく死んでいく。

大学そのものがどのように本を取り扱っているかに関しては、著者に意見を求めるのが適当だろう。以下に引用するのは、フラナリー・オコンナーが自作が学生の試験問題として取り上げられたと知った日に書いたものである。

《もし今日教授たちが、答えが明白でない場合、あたかもどんな答えも許される研究課題のように一つの作品に取り組む方針をとっているなら、学生たちは小説を読む喜びを決して見つけることができないのではないかと思う……*》

＊　フラナリー・オコンナー『存在の習慣』（ガリマール社、ガブリエル・ロラン訳）（原題は『神秘と風習』）
（1）プレイアード版は、ガリマール社が世界的な作家、思想家などの著作を全集の形式で出すもので、本文校訂や詳しい注がついて、学問的に権威のあるシリーズである。用紙は非常に薄い。
（2）スウィフト（一六六七―一七四五）。イギリスの風刺作家。『ガリヴァー旅行記』の他政治的著作が多数。ここではプレイアード版『スウィフト全集』のこと。
（3）プラトン（前四二七―前三四七）。ギリシャの哲学者。ここではプレイアード版の『プラトン全集』のこと。
（4）『クラチュロス』はプラトンの作品。言語の起源などが論じられている。
（5）ソクラテス（前四六九―前三九九）。ギリシャの哲学者。毎日、町の人々と哲学的対話を交わすのを仕事とした。ソクラテスは書物を書かなかった。
（6）アルベルト・モラヴィア（一九〇七―一九九〇）。イタリアの作家。『無関心な人々』など。
（7）エルザ・モランテ（一九一二―八五）。イタリアの作家。モラヴィアの妻。『物語』など。
（8）『カラマーゾフの兄弟』はドストエフスキーの長編小説。
（9）マヌエル・バスケス＝モンタルバン（一九三九―　）。スペインのハードボイルド小説の父。ペペ・カルヴァリョはバルセロナの私立探偵（元スペイン共産党ＣＩＡの局員）という設定。

57

ここでは「本」に関する話だった。

話を読者に移そう。

なぜなら本の取り扱い方よりももっとためになる、本の読み方がいろいろあるからだ。

わたしたちは若者たちに読書の手ほどきをしたいと思っているが、実際には彼らに禁じている権利がいくつかある。これらを手始めとして、わたしたち「読者」は読書に関するあらゆる権利を持っている。

(1) 読まない権利
(2) 飛ばし読みする権利
(3) 最後まで読まない権利
(4) 読み返す権利
(5) 手当たり次第に何でも読む権利

(6)　ボヴァリスムの権利

(7)　どこで読んでもいい権利

(8)　あちこち拾い読みする権利

(9)　声に出して読む権利

(10)　黙っている権利

独断的であるが、十項目にとどめておこうと思う。なぜなら、まず第一にきりのよい数字であること、第二に有名なモーセの十戒の神聖な数字であること、第三に一度だけ許可リストに使われるのを見るのは愉快だからである。

もしわたしたちが息子や娘や若者たちに本を読んでもらいたいと思うなら、わたしたちが獲得した権利を彼らに至急与えなければならないからである。

IV

読者の権利10ヵ条（あるいは読者が絶対に持っている権利）

1 読まない（1ヵ条）

「権利」の名にふさわしいものがすべてそうであるように、読者の権利を列挙するにあたって、その権利を行使しない権利——この場合は読まない権利——から始めるべきだろう。さもないと権利のリストではなく、趣味の悪い罠になってしまう。

まず初めに、大多数の読者は毎日読まない権利を勝手に自分に与えている。わたしたちの評判にはお気の毒だが、良い本と悪いテレビドラマがあるとすると、わたしたちが認めたいと思うよりもはるかに頻繁に後者が前者に勝っている。それにわたしたちは絶え間なく読むのではない。本を読む時期と本を見ただけで消化不良の毒気が呼び覚まされる長いダイエットの期間とが交互に訪れるのがふつうだ。

しかし一番大事なことは他にある。

わたしたちのまわりには、心から尊敬すべき人々、時に高等教育を受けて、「卓越《たくえつ》した」多くの人々がいる——その中の何人かは、非常に立派な書棚を持っている。だが、彼らは本を読まないし、読むとしても非常に少ないので、彼らに本を贈る気には絶対ならない。彼らは本を読まない。その必要性を感じなかったり、他にやるべきことがたくさんあったり（しかし結局それは同じことになる。なぜならその別のことが彼らの望みをすべてかなえたり、彼らにつきまとって離れないからだ）、あるいは別の愛情を育み、その愛情をまったく独占的に味わっていたりしている。要するに、そういう人々は本を読むのが好きではないのだ。だからといって付き合いにくいというわけではないし、それどころか付き合えば感じのいい人だ。（少なくとも彼らはわたしたちが最近読んだ本についてしょっちゅう意見を求めたりしないし、わたしたちのひいきの小説家についで山ほど皮肉を言うこともなく、どこそこの出版社から出たばかりで、某《ぼう》批評家が激賞した、某新刊本を買いに走らなかったといって、わたしたちをうすのろ扱いしたりしない）。彼らはわたしたちとまったく同じ程度に「人間的」であり、世界の不幸に対して非常に敏感で、「人権」に関心があり、個人の力のおよぶ範囲内で人権を尊重することに熱心で、それだけでも大したものだ――しかし、実のところ彼らは本を読まない。それは彼らの自由だ。

読書が「人間を人間らしくする」という考えは、たとえいくつか憂鬱《ゆううつ》な例外があるとしても、概《おおむ》ね正しい。チェーホフを読んだ後は、読む前よりもおそらくいくらか「人間的」になる。ということは人類との連帯が少し強まった（「野獣性」が若干少なくなった）という意味である。

しかし、この定理によって当然起こる結果として、本を読まない人は一人残らず潜在的に粗野な人間、あるいは致命的なばか者と頭ごなしに見なされるが、定理と結果、この二つを同列に考えないようにしよう。さもないと、わたしたちは読書を「道徳的義務」と思わせてしまうことになる。これが発端となってどんどんエスカレートしていって、やがてわたしたちは本それ自体の「道徳性」を論ずるようになる。だが、その判断の基準においては、もう一つの自由、すなわち創造の自由に対し、何の敬意も払われてはいない。したがって、わたしたちが読者であっても、無教養な粗野な人間とはわたしたちのことである。この種の粗野な人間が世界中どこにでもいるのは間違いない。

言い換えると、書く自由は読む義務で何とか間に合わせるわけにはいかない。

結局のところ、教育する義務とは、子どもたちに字の読み方を教え、文学の手ほどきをすることによって、子どもたちが「本の必要性」を実感するかどうか自由に判断する方法を教えることである。なぜなら、一人の人間が読書を拒絶することはまさに認めることができても、その人が読書に拒絶される——あるいは拒絶されていると感じる——ことは許せないからである。

本から排除されること——なしですますことができる本も含めて——は、とてつもなく大きな悲しみであり、孤独の中の孤独である。

2 飛ばし読みする（2ヵ条）

十二か十三のとき、わたしは初めて『戦争と平和』を読んだ（おそらく十三歳だろう。コレージュの第五学級〔中等教育二年目〕だったし、それほど早熟でもなかったから）。夏休みが始まってからというもの、わたしは兄（『雨季来る』を読んでいた、あの兄）がこの分厚い小説に没頭しているのを見ていた。兄の眼は、生まれ故郷のことをとっくの昔に気にかけなくなった探検家の眼と同じように、夢見るような目付きになっていた。

——そんなにすごい本なの？

——すっごくいい！

——どんな話？

——一人の娘がある男を愛しているのに、三人目の男と結婚する話さ。

兄はいつも要約にかけては天才だった。もし出版社が兄を雇って、「本の表紙の腰巻き」（本の背に張りつけられるあの悲壮な宣伝文句）の編集をまかせたら、兄はわたしたちの気を引こうとする、空しく甘い言葉の山から、わたしたちを解放してくれるだろう。

――この本貸してくれない?

――おまえにやるよ。

寄宿生だったわたしにとって、これはこのうえなくありがたいプレゼントだった。三か月の間、わたしを寒さから守ってくれる二巻の分厚い本。五歳年上の兄は、まったくばかではなかった(第一、ばかにもならなかった)ので、『戦争と平和』が、どんなに上手に組み立てられていても、単なる恋愛小説に縮められないことはちゃんと知っていた。ただ、兄はわたしが感情の爆発するものが好きなことを知っていたので、謎めいた要約をすることで、わたしの好奇心をくすぐることができたのだ(わたしの心にかなった「教育者」)。わたしに児童向けの『緑の文庫』や『赤と金の文庫』、それに『犯人の足跡』などの本を一時的に『戦争と平和』に持ち替えさせて、その世界に飛び込ませたのは、兄の計算された謎めいた言葉であると思う。「一人の女がある男を愛しているのに、三人目の男と結婚する」……こんなことを言われて誰が抵抗できるだろうか。兄の計算が間違っていたとはいえ、わたしは失望しなかった。実際には、ナターシャを愛する者は四人いた。アンドレイ公爵、やくざのアナトーリ(しかしこれを愛と呼べるのか)、ピエール・ベズーホフ、そしてわたしだ。だが、わたしにはまったくチャンスがなかったので、他の人物になりきらなければならなかった。(でもアナトーリは別。あいつは本物のワルだ!)

夜、夢の中にある者、いびきをかく者、手足をばたつかせる者、五十人が眠る大寝室の真ん中に、テントのように毛布を張ったその下、懐中電灯の明かりで読書が展開したからこそ、いっそう読書は甘美なものだった。常夜灯がこうこうと明るい舎監の部屋はすぐ近くだったが、なあに、愛に関しては、いつだって一か八かだった。わたしの手は今も、本の厚さと重さを覚えている。それは文庫版で、表紙にオードリー・ヘップバーンの美しい顔が載っていた。そのヘップバーンの顔を、がめつい恋人である瞼の重い王子のようなメル・ファラーがじろじろ見ている。[1]ナターシャの心にしか興味のなかったわたしは、四分の三をすっ飛ばして読んだ。それでも、アナトーリが足を切断された時は同情したし、ボロヂノの戦いで、あの大砲の砲弾の前に立ちつくしていたアンドレイ公爵のばかさかげんを呪った……(「ばか、伏せろ、腹這いになれ、爆発するぞ、彼女のためにもそんなことしちゃだめじゃないか、あの人はお前を愛しているんだぞ!」)……わたしは愛と戦いに興味があったので、政治や戦略のところはすっ飛ばした……　クラウゼヴィッツ[2]の理論はわたしには理解できなかったので、クラウゼヴィッツの理論を見逃しても仕方がない……　ピエール・ベズーホフとエレンの夫婦の数々の不運をすぐそばから見守り(エレンは「感じが悪い」が、わたしは本当に「感じが悪い」と思っていた……)、永遠のロシアの農地問題についてはトルストイに一人でしゃべらせておいた。

要するにわたしは飛ばし読みしたのだ。

だからきっと子どもたちもみんな同じことをしているにちがいない。

そうすれば、あの子たちの年齢では難しすぎると言われている名作のほとんどを年少のうちに楽しむことができる。

彼らが『白鯨』[3]を読みたいと思って読み始め、捕鯨の用具や技術についてのメルヴィル[4]の長々とした説明に読む気力をなくしてしまったとしても、読むのをあきらめてはいけない。飛ばし読みすべきである。その部分のページを飛ばすのだ。残りの部分は気にせずにエイハブ船長のあとを追うのだ。生きることと死ぬこと、その本当の理由をエイハブが追い求めたように！　彼らがイワン、ドミトリー、アリョーシャ・カラマーゾフ、[5]そしてこれらの人々の驚くべき父親と知り合いになりたくて、『カラマーゾフの兄弟』を開き、読んだとしたら、それは彼らのためである。たとえ予言者ゾシムの遺言や異端審問所の大審問官の伝説を読み飛ばさなければならないにしても。

もし彼らが自分でページを選んで飛ばし読みしながら理解できるところを自分で決定しなければ、そこには大きな危険が待ち受けている――他の人々が彼らの代わりにそれを行うのだ。そういう人々は、ばかばかしいことに検閲の大きなハサミを手にして、子どもには「難しすぎる」と判断したところをすべてカットしてしまう。その結果恐ろしいことが起こる。『白鯨』や『レ・ミゼラブル』[6]が一五〇ページに要約され、一部削除され、ぶち壊しにされ、成長をさたまげられ、ミイラにされ、子どもの言葉だとされる、貧弱で不十分な言葉で、子どもたちのために書き直しされるのだ！　これは十二か十三の子どもであったわたしが、ピカソの『ゲルニカ』[7]を描き直してやろうと思ったのに少し似ている。わたしには線が多すぎるように思えたのだ。

さらに、認めたくないかもしれないが、わたしたちは「大人」になっても、自分自身ならびに読んでいる本にだけかかわる理由から相変わらず「飛ばし読み」をすることがある。また、飛ばし読みを絶対にしてはいけないと自分に言い聞かせ、この部分は作者は引きのばし作戦をとっているとか、あの部分はほとんど意味のないフルートの小品をつかっているとか、繰り返しばかりだとか、ばかげたことばかりであるとか言いながらも、最後の一語まで全部読むこともある。わたしたちが何と言おうと、そこでわたしたちが自らに課すこの頑固《がんこ》な退屈は、義務のようなものではない。それは読者としての楽しみに属している。

(1) これはヘップバーン主演の映画『戦争と平和』（一九五六）のスチールを表紙に使った本をさす。メル・ファラーは当時ヘップバーンの夫。
(2) クラウゼヴィッツ（一七八〇—一八三一）。プロイセンの軍人、軍事理論家。戦争理論の古典的名著『戦争論』は死後出版された。
(3) アメリカの作家メルヴィル（一八一九—九一）の小説。白鯨への復讐心に燃える船長エイハブの姿を描いた。
(4) 前記注（3）参照。
(5) いずれも『カラマーゾフの兄弟』の登場人物で、ロシア的な情熱に生きる長男ドミトリー、無神論者で知識人的な次男イワン、同胞愛の教えを説くゾシマ長老に傾倒する三男アリョーシャの三人兄弟。
(6) フランスのロマン主義の時代の代表的な作家ヴィクトル・ユゴー（一八〇二—八五）の長編小説。
(7) ピカソ（一八八一—一九七三）。スペインの画家。『ゲルニカ』はスペイン内乱中のドイツ軍による無差別攻撃に抗議するために描かれた。

3 最後まで読まない（3ヵ条）

ある小説を最後まで読まないうちに投げ出してしまう理由は五万とある。以前どこかで読んだことがあるという感覚、記憶に残らないストーリー、作者の主張に対する全面的な反対、身の毛がよだつ文体、あるいはそれどころか、先に進む理由がまるでないと思えるほどの文体の欠如……この他に四九、九九五の理由を列挙しても意味がない。しかしそれらの理由に加えるべきものとして、虫歯、課長のいじめ、頭を硬直させる心の大混乱がある。

本がわたしたちの手から落ちるだって？

本が落ちること。

結局、誰もが、いつでも一時間の読書を慰めとして自分に与えることができるモンテスキューになれるわけではない。

ただし、読書を放棄する理由の中に、ちょっとの間読むのをやめるのにふさわしい理由が一つある。漠然とした敗北感である。わたしは本を開いて読んだ。やがて自分より強いと感じられる何かに圧倒されるのを感じた。わたしはニューロン〔神経単位〕を集結させ、テクストと殴り合いのけんかをする。しかしどうすることもできない。書かれていることは読む価値があるものだといくら思ったところでむだだ。わたしにはさっぱり分からない——あるいはほんの少ししか分からない——わたしに何の手掛かりも与えない「無縁さ」を感じるばかりだ。

　わたしは本を放り出す。

　あるいは、むしろ本をほったらかしにする。いつかそのうちもう一度読もうという漠然とした計画を持って、本棚の中にそれを片づける。アンドレイ・ベールイ[1]の『ペテルブルグ』、ジョイスの『ユリシーズ』、マルカム・ラウリ[2]の『活火山の下』は何年もわたしを待っていた。この他にもわたしを待っている本はあるが、その中にはおそらく二度と手にしないものも何冊かある。これは別に大したことではない。まあ、こんなものだ。「成熟」という概念は、読書に関しては奇妙なものである。ある年齢に達するまでは、わたしたちはある本を読む資格がない。それはそれでいい。しかしよいワインは熟成するのに、よい本は古びない。本は本棚の中でわたしたちを待っている。そして年を取るのはわたしたちのほうだ。自分でそれらの本を読むのに十分「熟した」と思ったとき、もう一度新たに取り組んでみる。そのとき、出会いとなるか、新たな失敗となるか、二つに一つだ。再びチャレンジしようとするか、しないか、おそらくどちらかである。しかし、わたしが現在まで『魔の山[3]』の頂上を制覇《せいは》できていないからといって、それはもちろんトーマス・マンの責任ではない。

　わたしたちに抵抗する大河小説は、必ずしも他の小説より難しいというわけではない……つまり、大河小説——いかにそれが大作であっても——と、わたしたち——それを「理解する」のに向いていると思っているとしても——の間には、作用しない化学反応がある。それまでわたしたちを寄せつけなかったボルヘスの作品に共感する日がいつか来る。しかしムージル[4]の作品とは生涯無縁のままだろう……

したがって、わたしたちには選択の自由がある。すなわち、これはわたしたちの責任で、自分の頭が変なのであって、どうしようもなく愚かな一面を自分が持っていると考えるか、あるいは論争の的となっている趣味の概念の面にとやかく口出しして、自分たちの趣味の地図を作るよう努めるか、どちらかである。

子どもたちには後者の解決法を勧めるのが賢明だ。

なぜわたしたちが好きではないかをついに理解しながらもう一度読み直すという、あのめったにない喜びを彼らに与えることができるからだ。さらに、知ったかぶりをするのが大好きな人間がわたしたちの耳元で次のようにわめくのを平然と聞くという例外的な喜びがある。

——でも、どうぅぅしてスタンダァァァルを好きにならないでいられるのですか。

好きにならないでいられるさ。

（1）アンドレイ・ベールイ（一八八〇—一九三四）。ロシアの詩人、小説家、批評家。『ペテルブルグ』は一九一三—一四年作。

（2）マルカム・ラウリ（一九〇五—五七）。イギリスの小説家。『活火山の下』（一九四七）はメキシコを舞台にアル中患者を描いている。

（3）ドイツの作家トーマス・マンの小説。北ドイツ育ちの青年ハンスがスイスのサナトリウムに行き、そこの「魔の山」の魅力にとりつかれて七年を過ごす教養小説。

（4）ロベルト・ムージル（一八八〇—一九四二）。オーストリアの作家。現代ドイツ文学の記念碑的大作である『特性のない男』など。

4 読み返す（4ヵ条）

一度はわたしを拒絶した本を読み返す。斜め読みしないで読み返す。別の角度から読み返す。確認のために読み返す。そう……わたしたちにはこれらすべての権利がある。

しかしわたしたちは特に理由もなく読み返す。繰り返し読む楽しみのため、再会の喜びを味わうため、親密さを試すために。

「もう一回、もう一回」わたしたちは子どもの頃によく言ったものだ……　大人になってからの再読は、あの時の気持ちに似ている。永続性にうっとりし、毎回新しい感動に満ちていることを発見して楽しむのである。

5　手当たり次第に何でも読む（5ヵ条）

「好み」と言えば、わたしの生徒のうち何人かは、「良い小説と悪い小説について述べよ」といった、超古典的な小論文のテーマを前にすると、大変苦労する。「おれは絶対に譲歩しないぞ」と装ってはいるが、彼らはどちらかといえばおとなしいため、問題の文学的側面に取り組むかわりに、倫理の観点から問題を考察し、自由の角度からのみ問題を取り扱う。そのため、彼らの宿題は全体として次のように要約できそうだ。「もちろん、人には書きたいことを書く権利があります。読者のあらゆる好みは性格によるものです。自由じゃないなんて、冗談ではありませんよ！」そう……そう……そのとおり……まったく見上げた立場だが……

それでもやはり小説には良い小説と悪い小説がある。名前を挙げることも、証拠を見せることもできる。

簡単にするため、大ざっぱにカットしてみよう。言ってみれば、わたしが「工場生産文学」と呼ぶものが存在する。それは、同じタイプの物語を無限に複製していくだけで、判で押したように同じものを大量生産し、思いやりの気持ちと強烈なスリルを商売にし、時宜を得たフィクションを次から次へ生み出すためにニュースが提供するあらゆる口実に飛びつき、ある種の読者の心を燃え立たせると考えられているタイプの「製品」を「景気」に応じて売りさばくために徹底的に「市場調査」を行う。

これこそ間違いなく悪い小説である。

なぜ？　第一にそれらが創作ではなく、あらかじめ設定された「形式」の複製だからである。第二に小説は真実（つまり複雑さ）の芸術であるのに対し、それらは単純化（つまり嘘）の企てであるからである。第三にわたしたちの自動性にへつらうため、好奇心を眠らせてしまうからである。最後にこれが最大の理由であるが、作者はそこにいないし、作者が書きたいと思う現実もそこにはないからである。

要するに、型にはめて作られ、わたしたちを型にはめてくりたがる、「すぐに楽しめる」文学。

これらのばかばかしいことが、本の産業化に結びついた最近の現象だと思ってはいけない。まったくそんなことはない。作者不在の文章で、センセーショナルな事件、かりそめの恋、お手軽な戦慄《せんりつ》を悪用することは、昨日今日始まったことではない。例を二つだけ挙げると、騎士道物語[1]はその悪用の中にみごとにはまりこんでいたし、それからずっと後にはロマン主義[2]があった。だが、災いも幸いの発端となるように、道を誤った文学への反発によって、世界で最も美しい小説に数えられる二つの小説が生まれた。『ドン・キホーテ』と『ボヴァリー夫人』である。

したがって小説には「良い」小説と「悪い」小説がある。

わたしたちが人生で最初に出会う本は、たいてい後者である。

確かに、自分の体験から言えば、それらを「すごくおもしろい」と思った思い出がある。わたしは非常に幸運だった。皆はわたしのことをからかわなかったし、あきらめたように天を見上げることもなかったし、ばかもの扱いもしなかった。ただ、わたしに他の本を禁止することのないよう気をつけながら、わたしの通る道に「良い」小説を何冊か散らかしっぱなしにしておいてくれた。

それは賢明だった。

良い本も悪い本も、わたしたちは、ある時期いっしょくたに読む。また、わたしたちは一夜にして子どもの本を放棄することもない。すべてが混ざっている。『戦争と平和』から抜け出したら、児童向けの『緑の文庫』に再び夢中になる。ハーレクインロマンス（美男の医者と立派な看護婦の物語）からボリス・パステルナークの『ドクトル・ジバゴ[3]』へと移行する――ジバゴもまた美男の医師だし、ララだってなんと立派な看護婦だろう！

そして、ある日、勝利を収めるのはパステルナークだ。知らないうちに、わたしたちの願望は「良い」本とつきあうようにさせる。わたしたちはさまざまな作家を求め、さまざまな文体を求める。遊び友だちはもういらない。わたしたちには一緒にいる仲間が必要だ。エピソードだけではもう十分ではない。スリルを即座に満足させるだけのものとは別のものを小説に求める時が来たのだ。

「教育者」にとって大きな喜びの一つ、それは一人の生徒が——どんな読書も許されているのだから——ベストセラー工場の戸をたった一人で勢いよく閉めて、友人のバルザック(4)のところへ上がっていって一息つくのを見ることだ。

(1) 騎士道物語——ヨーロッパで、十二世紀中頃から十三世紀にかけて栄えた騎士道と貴女崇拝を主題にした物語文学の総称。代表的作品は『トリスタンとイゾルデ物語』。
(2) ロマン主義——簡潔に述べるのは難しいが、十八世紀後半からヨーロッパに起こった文化運動で、フランスではフランス革命直後の混乱、市民社会形成期に発生した。抑圧的な市民社会のなかで、自由を希求する個人的精神の苦闘を描くものが多い。ユゴー、ヴィニー、ミュッセ、デュマ、ネルヴァルなどが代表的作家。
(3) ボリス・パステルナーク（一八九〇—一九六〇）。旧ソ連の詩人。『ドクトル・ジバゴ』はイタリアで出版された。
(4) バルザック（一七九九—一八五〇）。フランスの小説家。シリーズ『人間喜劇』（『谷間の百合』『ゴリオ爺さん』など）。

6 ボヴァリズム（小説に書いてあることに染まりやすい病気）（6ヵ条）

おおざっぱに言えば、「ボヴァリズム」とは、わたしたちの興奮を即座に満足させることだけである。興奮によって、想像力が脹《ふく》らみ、神経がビリビリ震え、心臓の鼓動が速くなり、アドレナリンがほとばしり、あらゆる領域で同一化が行われ、脳が（つかの間）現実の世界を小説の世界と取り違える……

これは読者が皆最初に陥る精神状態だ。

甘美そのもの。

だが、傍観者である大人にとってはほどほどに恐ろしいことに思えるため、たいてい、若いボヴァリアンの目の前に「良いタイトル」をあわてて振り回し、こう叫ぶ。

――結局、モーパッサン[1]のほうがやっぱり「いい」だろう？

まあ落ち着いて！……ボヴァリズムに屈しないこと。エンマ[2]だって結局は小説の一登場人物にすぎない、つまりある決定論[3]の産物なのだと考えること。そこにギュスターヴによって蒔《ま》かれた数々の原因の種が、いろいろな結果を生む――いかに本当のことであっても――すべてフロベールが望んだことなのだ。

言い換えれば、あの少女が最後に大量の砒素《ひそ》を飲んで死ぬのは、ハーレクイン・ロマンスをコレクションしているためではない。

彼女に読書というあの競技場にいることを強制すること、それは、わたしたち自身の青春と訣別して、彼女とわたしたちを切り離すことである。さらに、今日彼女を途方に暮れさせているように見える紋切り型を、明日、彼女自身の力で、追い出すという至上の喜びを彼女から奪うことである。

わたしたちは自分の青春と和解するほうが賢明だ。若い頃の自分たちを毛嫌いし、軽蔑し、否定し、あるいは単にその存在を忘れることは、それ自体青春期の態度であり、青春を死病とする考え方だ。

そこから、わたしたちが最初に本を読んだときの感動を思い出し、昔の読書のために小さな祭壇を築く必要性が出てくる。これには最も「ばかばかしい読書」も含む。読書はこのうえなく素晴らしい役割を果たす——わたしたちを感動させたものを笑い飛ばしながら、若かったわたしたちに感動すること。わたしたちの人生を共にする少年少女たちは、かつての読書の感動を思い出すことで、まちがいなく尊敬と愛情をいっそう深める。

さらに、ボヴァリズムは——他のものと同様に——世界で最もよく共有されたものであると考えること。わたしたちがボヴァリズムを追い出す先はいつも他人のところである。わたしたちは若者の読書の愚かしさを非難すると同時に、テレビ映りのよい作家の成功に尽力することが稀《まれ》ではない。だがその作家が流行遅れになるや肴《さかな》にして笑い物にする。文学的熱中というものは、わたしたちの見識ある熱狂で受け入れられるかと思うと、洞察力の鋭い批判で否認される、この繰り返しでだいたい説明がつく。

決してだまされることなく、つねに明晰《めいせき》で、ボヴァリー夫人は他人だという確信を永遠に抱いて、わたしたち自身の後を受け継いで時を過ごす。

エンマはこの確信を共有すべきだった。

（1） モーパッサン（一八五〇―九三）。フランスの小説家。自然主義文学の代表的作家。『脂肪の塊』『女の一生』『ベラミ』など。

（2） エンマ・ボヴァリー。『ボヴァリー夫人』の主人公。

（3） 決定論――さまざまな決定論があるが、最も一般的には、世の中でこれからどういうことが起こるかは、未来永劫にわたってすべて決定されていると主張する立場。

7 どこで読んでもいい（7ヵ条）

一九七一年、冬、シャロン＝シュール＝マルヌ市。

砲兵学校兵舎。

朝の雑役の割り振りの時、某《ぼう》二等兵（認識番号一四六七二の一、わたしたちの班で知らぬ者はいない）が、徹底して、ある雑役に志願する。その雑役とは、最も人気がなく、最もやりがいもなく、たいていは処罰として与えられるものであり、どんなに筋金入りの名誉をも傷つけるもの、伝説的で、不名誉で、言語道断なもの――それは便所掃除。

毎朝。

同じ微笑みを浮かべて（ただし心の中で）。

――便所当番は誰だ？

彼は一歩進み出る。

――某二等兵がやります。

突撃に先立つ最後の荘重《そうちょう》さをもって、彼は中隊の小旗のように床用雑巾をつるした箒《ほうき》をつかみ、姿を消す。兵隊たちは安堵《あんど》の胸をなでおろす。まさに勇者である。後に続く者は誰もいない。軍隊全体が立派な雑役の塹壕《ざんごう》の中でのうのうとしている。

　数時間が経つ。皆は彼が姿を消したと思っている。誰もが彼のことなどほとんど忘れていた。そして今も忘れている。ところが昼近くになって、彼は中隊の曹長《そうちょう》に報告するため、かかとを鳴らして再び現れる。「曹長殿、便所は完璧であります！」曹長は雑巾と箒を回収する。心の奥に一瞬深い疑問がわきあがるが、決して口には出さない。（世間体は重んじなければならない。）兵士は一礼し、回れ右をしてその場を去る。胸に秘密を秘めて。

　兵士の作業服の右ポケットの中の秘密はかなり重い。プレイアード版ニコラ・ゴーゴリ全集一、九〇〇ページ。午前中いっぱいゴーゴリを読んだのに対して雑巾掛けは十五分……冬、二か月前から毎朝、頑丈《がんじょう》に鍵を閉めた個室でゆったりと腰をおろし、某二等兵は軍隊の日常の出来事の上を空高く飛んでいる。ゴーゴリの全作品！　郷愁に満ちた『ビサウリュークあるいはイワン・クパーラの前夜』から、恐ろしい『タラス・ブーリバ』[1]と『死せる魂』のブラック・ジョークを経て、信じられないようなタルチュフたるゴーゴリの戯曲と書簡集も忘れずに、笑いを誘う『ペテルブルグ』までだ。

　なにしろゴーゴリはモリエールを作り上げたかもしれないタルチュフなのだ――他の人にこの雑役を与えていたら、某二等兵はこのことを決して理解できなかっただろう。

　軍隊は武勲《ぶくん》を讃えるのが好きだ。

その武勲のうちで、唯一残っているのは、便所の鋳物製水槽の高い所に刻まれた二つのアレクサンドラン〔十二音綴の詩句〕。フランス詩の中で最も贅《ぜい》をつくしたものの中に入る。

「お掛けください、教育官殿。うそいつわりは申しません。ゴーゴリの全作品を便所で読みました。」

（有名な兵士である老クレマンソー[2]、別名タイガーも、慢性の便秘に感謝していた。そのおかげでサン゠シモンの『回想録』[3]が読めたと言っていた。）

（1） モリエールの喜劇『タルチュフ』の主人公。タルチュフと言えば、偽善者、にせ信心家をさす。

（2） ジョルジュ・クレマンソー（一八四一―一九二九）。フランスの政治家。ドレフュス事件ではゾラを支持した。一九〇六年には首相を務めた。

（3） サン゠シモン（一六七五―一七五五）。フランスの作家。『回想録』は一六九四年から一七二三年まで膨大な分量である。

8　あちこち拾い読みする（8ヵ条）

わたしもあなたもあちこち拾い読みしている。だから彼らにもそうさせよう。どんな本でも本棚から取り出してよい。どこで本を開いてもよい。つかの間本に熱中する。そういうことがわたしたちには許されているのだ。なぜかと言えばわたしたちにはまさに今この時しかないのだから。拾い読みするのに適した本とそうでない本があるが、適した本とは作品の一つ一つが短くて独立しているものだ。たとえば、アルフォンス・アレー[1]やウッディ・アレン[2]の全集、カフカやサキの小説、ジョルジュ・ペロスの『サイズ加工した紙』、あの老ラ・ロシュフコー[3]や多くの詩人たち……

ということは、プルーストやシェイクスピア、レイモンド・チャンドラー[4]の『書簡集』をどこで開いてもいいし、失望する危険を少しも冒すことなくあちこち拾い読みできる。

ヴェネツィアで一週間過ごす時間も金もないときに、どうして本の中のヴェネツィアで五分間過ごす権利を断念するのか。

（1）アルフォンス・アレー（一八五四―一九〇五）。フランスのユーモア作家。『人生万歳』『悪戯の楽しみ』など。
（2）ウッディ・アレン（一九三五―　）。アメリカの俳優、映画監督。
（3）ラ・ロシュフコー（一六一三―八〇）。フランスの作家。モラリスト文学の傑作として『箴言』がある。
（4）レイモンド・チャンドラー（一八八八―一九五八）。アメリカの推理小説作家。『大いなる眠り』『かわいい女』など。

9　声に出して読む（9ヵ条）

わたしは妻に質問した。

——子どものころ、物語を朗読してもらったかい？

彼女がわたしに答える。

——いいえ、全然。父はしょっちゅう出張だったし、母は忙しすぎたから。

わたしが彼女にたずねる。

——じゃあ聞くけど、どうして声に出して本を読むのが好きになったの？

彼女がわたしに答える。

——学校で。

学校の功績を認めてくれる発言を聞いてうれしくなったわたしは叫んだ。

——ほらね！

彼女は言った。

——そんなんじゃないわ。学校では声に出して本を読むことは禁止されていたのよ。当時、本は絶対に黙読するものと考えられていたから。眼から脳へ直接。瞬間転写。速さと能率。十行毎に行われる理解度テストがあった。分析と解釈崇拝ね、最初から！　たいていの子どもはびくびくしていたけれど、それも最初だけ！　わたしの答えは全部正解だった。でも、わたしは家に帰ると、声に出して全部読み直していたの。

――どうしてそんなことを？

――感動のため。発音された言葉がわたしの外で存在し始めて、本当に生きていたの。それに、それは一種の愛の行為に思えたわ。いえ、愛そのものね。本への愛が、愛そのものを経験する、いつもそんな気がしたの。わたしは人形をいくつか自分の代わりにベッドに寝かせて、本を読んであげたものだった。人形の足元の絨毯《じゅうたん》の上で寝てしまうこともあったわ。

わたしは聞いている……彼女の話を……わたしは聞いている……まるで、ぐでんぐでんに酔っぱらって、神の声で自作の詩を読み上げるディラン・トマス(1)の声を聞いているようだ……

わたしは彼女の話を聞いている。まるで老いたディケンズ(2)を見ているようだ。やせこけて、蒼ざめた顔をして、死が目前に迫っているディケンズが舞台に上る……文盲の群衆が突如身動き一つしなくなり、波を打ったような静けさ、本を開く音が聞こえるほどの……オリヴァー・トゥイスト……ナンシー(3)の死……彼がわたしたちに読もうとしているのはナンシーの死なのだ！

わたしは彼女の話を聞いている。まるで涙が出るほどにカフカの笑う声が聞こえるようだ。マックス・ブロート(4)に『変身』を読んで聞かせるが、ブロートが理解しているかどうかは疑問だ……小柄なメアリー・シェリー[5]が、パーシーと啞《あ》然としている仲間たちに『フランケンシュタイン』の大きな切り身をプレゼントしているのが見える……

わたしは彼女の話を聞いている。するとジッド[6]に『チボー家の人々』を読んでいるマルタン・デュ・ガール[7]が姿を現した……しかしジッドは聞いていないようだ……二人は川のほとりに座っている……マルタン・デュ・ガールは読むが、ジッドの視線は別のところをさまよって……ずっと遠くの二人の若者が水の中へ飛び込むところへ飛んでいった……光の衣をまとった水の素晴らしさ……マルタン・デュ・ガールはかんかんだ……いや、とてもうまく読んだので……ジッドはすっかり理解したのだ……そして今聞いたページについて感じたままに賞賛した……だが、それにしても、おそらく修正する必要があるだろう、ここもあそこも……と言う。

さて、ドストエフスキーは声に出して読むだけにとどまらず……声に出して書いた……ドストエフスキーは、ラスコーリニコフ（あるいはドミトリー・カラマーゾフだったか、わたしにはもうわからない）に対して弾劾《だんがい》演説をわめきたてた後、息切れして……速記者である妻アンナ・スニートキナにたずねる。「ところで、君の意見を聞かせてくれ。判決は？　どうかな？」

アンナ「有罪！」

さらに被告側の口頭弁論を書き取らせた後、「どうだね？」

アンナ「無罪！」

そうだ……

声に出して読むことが奇妙にも消えてしまったのだ。ドストエフスキーが生きていたら何と思うだろうか。フロベールは？　頭の中につめこむ前に、言葉を口に乗せる権利はもうないのか。耳は？　音楽は？　よだれは？　言葉の味はもうないのか。では何が残っているのか。フロベールは自分の『ボヴァリー夫人』を鼓膜が破れるほどの大きな声でどならなかっただろうか。テクストを理解するためには、それぞれの言葉の意味がすべて湧き出てくる音が必要である。このことを知るためには、誰よりもフロベールが結局は「最適任者」ではないのか。音節の時ならぬ音楽やリズムの圧政と戦いすぎた人のように、意味が発音されるということをフロベールは知らないだろうか。何だって？　純粋な精神の持ち主のための無言のテクストだって？　助けてくれ、ラブレー！　助けて、フロベール、ドストエフスキー、カフカ、ディケンズ、お願いだ、助けてくれ！　意味をどなる巨人たちよ、今すぐここに来てくれ！　わたしたちの本のなかに来て息を吹き込んでくれ！　わたしたちの言葉には身体が必要だ！　わたしたちの本には命が必要だ！

確かにテクストの沈黙は快適である……黙読すればディケンズの死の危険を冒すことはない。ディケンズの主治医たちはついに彼の小説を黙らせるよう懇願するのだった[8]……テクストと自分自身……わたしたちの知性という気持ちのよい仕事場で口輪をはめられたあの言葉たち……わたしたちの注釈という編み物のこの静けさの中に、誰か偉大な人物がいるのをどれほど感じることか！……さらに、本なしで本を判断すれば、人は本によって判断される危険を冒さなくてすむ……声が本に干渉するやいなや、本はその読者について雄弁に物語る……本はすべてを言い表すのだ。

　朗読する人は全面的に身をさらしている。もし彼が自分の読んでいるものを知らないなら、彼は自分の使う言葉について無知であり、悲惨きわまりない。これはわかりきったことだ。もし彼が読書に生きることを拒否するなら、言葉は死んだ文字のままである。それはすぐに感じられる。もし彼が自分の存在でテクストを一杯にしたら、作者は縮んでしまう。それがサーカスの演目であることはすぐにわかる。朗読する人は全面的に聴衆の目にさらされているのだ。

　もし彼が実際に本を読み、喜びを抑制しながら知識をそこに注ぐなら、もし彼の読書が聴衆に対してもテクストとその作者に対しても共感の行為であるなら、そしてもし彼がわたしたちの理解の最もおぼろげな必要性を呼び覚ますと同時に、書く必要性を理解させることに成功したとしたら、その時、本は大きく開かれ、読書から締め出されていたと思っていた多くの人々が、彼の後ろに殺到する。

（1）　ディラン・トマス（一九一四—五三）。イギリスの詩人。詩の朗読者として英国放送協会に勤めたことがある。『愛の地図』『子犬のような芸術家の肖像』など。

（2）　チャールズ・ディケンズ（一八一二—七〇）。イギリスの小説家。『オリヴァー・トゥイスト』『二都物語』『クリスマス・キャロル』など。

（3）『オリヴァー・トゥイスト』の登場人物。

（4）マックス・ブロート（一八八四―一九六八）。プラハ生まれのユダヤ系ドイツ語作家。親友カフカの遺稿を出版し、カフカの特質を世界に知らしめた。

（5）メアリー・シェリー（一七九七―一八五二）。イギリスの女性小説家。『フランケンシュタイン』の他に『最後の人』など。なおパーシーは夫で詩人のシェリー。

（6）アンドレ・ジッド（一八六九―一九五一）。フランスの作家。『狭き門』『贋金つかい』『田園交響楽』など。

（7）マルタン・デュ・ガール（一八八一―一九五八）。フランスの小説家、劇作家。名はロジェ。『チボー家の人々』は大河小説で、第一次大戦中の時代的な苦悩を描く。

（8）ディケンズが自作の公開朗読を行っていたことをさす。

10

黙っている（10ヵ条）

人は生きているから家を建てる。だが、いずれ死ぬことを知っているから本を書く。人は群居性があるから集団で住む。だが、自分の孤独を知っているから本を読む。この読書は他の何ものにも代えがたい仲間。読書に代わる仲間はいない。読書は人の運命について何一つ決定的な説明はしてくれないが、人生と人との間に、目のつんだ共謀の網を織り上げる。たとえ人生の悲惨な不条理を教えるとしても、生きるという逆説的な幸福を語る、ごく小さな、密かな共謀だ。だからわたしたちが読書する理由は、わたしたちの存在理由と同じくらい奇妙だ。この親密さについてクレームをつけるよう、委任される者は誰もいない。

わたしに本を読む気を起こさせてくれた数少ない大人は、それらの本の優越性を認めて身をひき、本を読んでわたしが何を理解したかを質問しないように十分気をつけてくれた。もちろん、彼らにわたしは自分が読んだ本のことを話したものだ。今も健在な、あるいはすでに亡くなったそれらの人々に、この本を捧げる。

訳者あとがき

本書は Daniel Pennac, *Comme un roman*, Gallimard, 1992 の全訳である。

大学の教師仲間で必ず話題になるのは、学生が本を読まないということである。これに関しては思想・年齢・経歴にかかわらず全員一致と言ってもよい。

それでは本を読まないと嘆いている教師が何か対策を講じているかと言えば、ほとんどの人が何もしないのが現状ではないか。

わたしも何もしない。どうしたらいいのか途方に暮れているところに、ダニエル・ペナックが読書についてのエッセイを出した。まずわたしがこの本の情報を得たのは、フランスのテレビ書評番組『カラクテール』(一九九二年二月七日放送)からである。このときのペナックの陽気で熱っぽいが、淡々とした話し方に引かれた。そこで本を取り寄せてみた。

パリの高校でフランス語担当の先生であるダニエル・ペナックが、本書で披露している体験は、生徒の前で小説を声に出して読む、つまり朗読することである。本の周囲の事柄はいっさい説明しない。著者についてどういう人かも語らない。文章の意味について質問したりして生徒をこわがらせることはしない。ただひたすら読む。一時間読めば、四十ページ読める。こうしてこの先生は、読書が嫌いだと思い込んでいる高校生の読書への好奇心を目覚めさせ、読書の楽しみを分かち合っている。二十年以上の経験をもとに書かれているから、フィクションのように書いてある（本書の原題は『小説のように』だ）が、ほとんどが実話である。これは著者によれば、「読書についての理論的な考察の本ではなく、本との和解の試みである。」（『マガジーヌ・リテレール』九二年三月号）

ペナックが教室で読む本は小説が中心だが、その際にいわゆる国語（フランス語）の教材に取り上げられる小説は、生徒が敬遠しがちなので、実に種々多様である。大衆文学も児童文学も推理小説も取り上げる。もちろん古典的名作も。このようにペナックの特質は、文学作品に上下の序列をつけないことだ。これはわたしたちも見習うべきだと思う。

そのうえに本書Ⅳで語られるように、読者の10の権利は、わたしたちが読書する際にまさに行使している権利である。まずびっくりするのは、①「読まない権利」――なるほどわたしはこの頃忙しくて小説を読む暇がない。よし、読まない権利がわたしにもあると開き直ることにしよう。②「飛ばし読みする権利」――これもわたしはしょっちゅう使っている。何かの資料を読むときだ。必要なところだけ読む。③「最後まで読まない権利」――なるほど、わたしも『失われた時を求めて』はいまだに最後まで達していない。④「読み返す権利」――わたしはルソーの著作は何度も読み返している。⑤「手当たり次第に何でも読む権利」――わたしは筒井康隆も読めば、フランスの哲学者デリダも読む。⑥「ボヴァリズムの権利」――スタンダールの『赤と黒』を読んだときは、自分がジュリアン・ソレルになったような気がしたし、吉川英治の『宮本武蔵』では武蔵になりきっていた。⑦「どこで読んでもいい権利」――そう、わたしは毎朝きまって十五分の読書を小さな個室で行う。今はダニエル・ペナックの推理小説『カービン銃の妖精』だ。⑧「あちこち拾い読みする権利」――この翻訳の途中で『戦争と平和』をあちこち読んだ。全部ではない。⑨「声を出して読む権利」――これを行使しているのは息子が寝る前に妻と一日置きに交替で本を読むときだ。毎晩息子のために十五分朗読する。そして⑩「黙っている権利」――何を読んだか人に話さず、一人で楽しんでいることが多い。いずれも誰もが使っている権利だが、言われてみてなるほどと思うのだ。

この本のなかで兵役のときに便所掃除を志願してゴーゴリ全集を読んでしまった二等兵は、著者ダニエル・ペナックにちがいない。このエピソードが書いてある「どこで読んでもいい」の章などは思わず笑ってしまうが、真実をついている。そういう個所がこの本にはいっぱいある。

この本は本を読む楽しみを語ったものだ。それも原題が示すように「小説のように」物語風に書いてあるから気楽に読んでもらえる。本を毛嫌いしている人に、そうか、俺も、あたしも、じゃあ一冊読んでみるかという気にさせてくれる。お話に興味を持ちはじめた小さな子どもを持つ親から、高校生・大学生で自分では本を読むのが苦手と思っている人、そして学生が本を読まないと嘆いてばかりいる大学の先生まで、すべての人に読んでもらいたいと思って、わたしはこの本を訳した。

本書は一九九二年二月に発売されて以来、つねにベストセラーに入って(十ヵ月後『ル・ポワン』誌九二年十一月十四日号では第二位)、フランスでは一年で約二〇万部売れたという報告が、新刊紹介誌『リール』九二年十二月号に載っている。本書が売れたために、それまでにペナックが出していた推理小説三冊はいずれもフォリオ文庫に入った。「ペナック現象」と言われるほどペナックの本は売れている。読書についてのエッセイを読書する人が多いということは、読書がそれだけ問題を含むということだろう。うちの子は本を読むのがきらいでと言っている親、生徒や学生が本を読まないが、なんとか本への興味をかきたててあげたいと思っている先生、そして子ども自身が読んでいるようだ。「ペナックを読みましたか」が挨拶代わりになっているとのことである。先に挙げたテレビ番組への出演のほか、新聞・雑誌の書評は、フランス・ベルギー・スイスのフランス語圏で三〇以上の数である。それらの概要を紹介したいところだが、とても紹介しきれない。大多数の書評は「本を読む楽しみ」という表題で書かれている。

ペナックの書いたものが人気のある理由は、まずペナックが児童文学、エッセイ、推理小説、純文学のいずれも同時にこなしているところにある。いわゆるジャンルを横断する第三のタイプの作家ということである。第二には、本書にも見られるように、物語性のある小説を書いて、小説の伝統的な機能を復権したことである。第三には、詩的なイメージが豊かで、しかも思わずにやりとしてしまうユーモアのある文章の書き方である。

ダニエル・ペナックが日本に紹介されるのはこれが初めてである。簡単に経歴を紹介することにしよう。一九四四年カサブランカ生まれのフランス人。父親は植民地軍の将校で、小さいときにアフリカ、アジア、ヨーロッパ各地を旅行した。大学を卒業後、中学校の教師。現在は作家活動の他、週九時間高校教師もしている。七三年に最初の本（人類学）を出す。最初の本はペナック自身が気に入っていないので、ここでは題名を省略する。以下は、著作リストである。

『ヤルタの子どもたち』一九七七、テュドール・エリアドと共著、ラテス。

『サンタクロース』一九七九、テュドール・エリアドと共著、グラッセ。

『ばかな犬』一九八二、ナタン。（本人は「この子ども向けの本で何か意味を探すのではなく、わんわんの話だけを書く」ことでふっきれたと言っている。）

『片目のオオカミ』一九八三、ナタン。（以上は児童文学）（末松氷海子訳、白水社、一九九九）

『難しい人生』一九八五、パトリック・レナル、ジャン＝バチスト・プイと共著（このときはJ・B・ナクレの筆名）、フルーヴ・ノワール。

『人喰い鬼のお愉しみ』一九八五、ガリマール。（現在はフォリオ文庫）（中条省平訳、白水社、一九九五）

『カービン銃の妖精』一九八七、ガリマール。（現在はフォリオ文庫）（平岡敦訳、白水社、一九九八）

『散文売りの少女』一九八九、ガリマール。（現在はフォリオ文庫）（以上は推理小説）（平岡敦訳、白水社、二〇〇二）

『夏休み』一九九一、ロベール・ドワノーと共著（写真集）、オエベケ。（リブロポート、一九九四）

『サンタクロースの国の意味』一九九一、フュチュロポリス。
『カモ——バベル代理店。カモの逃亡。カモとぼく』一九九二、ガリマール、「レクチュール・ジュニオール」、ガリマール。（以上は児童文学）（『カモ少年と謎のペンフレンド』中井珠子訳、白水社、二〇〇二）
『奔放な読書』一九九二、ガリマール。（エッセイ）

なおわたしは思いもよらない不幸のためパリに行くことになり、この機会を利用して九二年十一月十三日にパリのガリマール社でダニエル・ペナック氏と会った。ガリマール社は事務所がいくつもあり、ペナック氏が最初に電話で指定した場所には、同氏はいなかった。そこから四〇〇メートルほど離れた本社に行く途中の道で、わたしはどこかで見た人とすれ違った。二、三歩行って振り向くと、向こうの人も振り向いた。互いに一瞬ためらった後、声を掛け合った。これがペナック氏との最初の出会いである。授業の帰りだと言っていた。午後五時半のパリは暗かった。実に陽気で、気さくな先生だった。彼もわたしもそれぞれブルゾンを着て、コールテンのズボンをはいていた。近くのカフェでビールを飲みながら、本書に関する質問にいろいろ答えていただき、そのうえサインをお願いしたらデッサンを描いてくれた。ガリマール社の担当編集者からはどっさり書評のコピーをいただき、写真も提供していただいた。

最後に本書の翻訳は木村宣子と私が半分ずつ日本語に訳し、訳したものをわたしが一行ずつ朗読しながら浜名エレーヌがフランスの事情ならびに語学的問題の適切な説明と訂正を行った。というわけで三人の共同作業であるが、最終的な訳文の責任はわたしにある。小説のように読んでいただくのが理想だから、余計な訳注などいらないという方もいるだろうが、高校生くらいから読めるようにとの配慮から、いらずもがなの訳注もつけた。もちろん、すっ飛ばして読んでいただいて結構だ。また難しいと思われる漢字にはふりがなをつけた。

「こわがらずに本のなかに飛び込んでごらん、面白いから……」(ペナック)

浜名優美

一九九三年一月

ペナック先生の魔法の読書術のすすめ——新版への訳者あとがき

本を読むことを義務とする教育からの解放

いわゆる読書法に関する本は加藤周一氏の古典的な『読書術』をはじめゴマンとあるが、それらはほとんど本を読むことで頭がよくなる、知的な生活を送れるといったものか、またはいかに速く読むかといった類である。私自身は本を読むスピードが遅いので、学生時代には速読法に関するものや知的生活術に関するものを何冊か読んだものだ。

しかし、ここに十数年ぶりに改めて紹介するフランスの作家、ダニエル・ペナックさんの読書に関する小説風のエッセイのように、読者には「読まない権利」があると断言したものには出くわしたことがない。これが読者の権利第一条だ。

なるほど生涯に一冊の本も読まずとも立派な人生を送った人も多い。本を読むことを義務とする教育（「本を読まなければならない」）から解放してくれたこと、この点が本書の大きな特徴である。本書について語り合うインターネットのブログには「地球上のすべての教育者はこの本を読まなければならない」とある（またもや「読まなければならない」だ）。

朗読を聞いて先が読みたくなる

わが国では齋藤孝氏の『声に出して読みたい日本語』（二〇〇一）がベストセラーになり、また幼児に対する読書への好奇心をかき立てる方法として「読み聞かせ」がかなり普及していて、一定の成果を上げている。しかしこの方法は小さい子ども相手にしか行われていない。それに対してペナック先生が採用したのは、本を読むのが嫌いと思いこんでいる、いわゆる「出来の悪い」高校生相手に、語句の説明や解釈抜きに、ひたすら朗読するというやり方である。

すなわち本を読むことを義務とせず、怖がらせず、強制せずに「読む楽しみ」を伝えるのである。「教師は時速四〇ページで朗読する。ということは、十時間で四〇〇ページ。週にフランス語が五時間として、一学期で二、四〇〇ページ読めるのだ！　一学年で七、二〇〇ページになる！　一、〇〇〇ページの小説が七冊！　一週間にたった五時間朗読するだけで！」という次第である。生徒たちはペナック先生の朗読で先が読みたくなって、図書館にかけつけるそうだ。これはまさに魔法の読書術だ。

林望氏は『知性の磨きかた』（PHP新書、一九九六）において、このペナック先生の「方法というのは一〇〇パーセント正しいと思うんです」（一二三ページ）と賞賛して、まるまる一章をペナック先生の読書論にあてている。また同氏が東京芸大で古典を「朗読する授業」を実践しているように、私もペナック先生を見習ってルソーの『人間不平等起源論』や上野千鶴子の『生き延びる思想』を自ら朗読し、学生たちに朗読させている。しかし教師の悪い習慣で、私はつい言葉の意味や文の解釈を学生に要求してしまう。

大学院生までも漢字が読めずに時々往生している姿を見て、日本語の本では漢字にもっとルビを振るべきだと思っている。漢字の障害を取り除くことができれば、学生たちは今よりも楽に読むことができるようになるはずだ。本書でも随所にルビが振ってあるのは、親や教師だけでなく高校生をも読者として想定しているからである。

無償の楽しみ

次から次へとベストセラーを出している樋口裕一氏の『「本を読む子」は必ず伸びる!』(すばる舎)は、「読み書き」の能力がすべての学科科目の基礎であり、「頭のよい子」「できる子」を育てるのが読書という行為であるという基本的な認識に基づいて書かれている。算数や理科についても計算能力だけでなく、そこに書かれている説明文が理解できなければ先に進めないというわけだ。樋口氏は言う。

「小学生から大学生までの「書く」「読む」ことの現場を見ていると、大変な危機感を覚えます。長文が読みきれない子、主語・述語の関係が理解できていない子は多数派ですし、大学生でも中学生レベルの漢字が書けない、社会人でもことわざや慣用句を知らないという例は枚挙にいとまがありません。なぜ、ここまで日本人の国語力が低下したのか。理由はただひとつ。本を読まなくなったからです。」

もちろん、教育の現場にいる者からすれば、樋口氏の主張は正しいと言える。また樋口氏は「親がまず子供に教えるべきことは、本の楽しさです」と言っているが、「国語力」「ホンモノの学力」

という言い方に表れているように、彼の主張には相変わらずなんらかの報酬が待っているという罠がある。ペナック先生のように、「無償」の読書の幸福をどうして伝えないのだろうか。

ペナック先生、うちの子に本を読んでください

ペナック先生の読書論が出版されて以来、フランスでは小説や童話の朗読を吹き込んだCD版が多数出版されるようになった。以前にも名作の朗読カセットテープ（たとえばカミュの『異邦人』自作朗読など）が売られていなかったわけではないが、ペナック先生自身が自作を朗読したもの（後述書誌参照）も刊行されている。朗読本専門の出版社もあるほどだ。

「フランス5」テレビ二〇〇六年一月三日の報道によれば、十八歳から六十五歳までのフランス人成人の十～十四パーセントが文字の読み書きができないという。しかもこの十年くらいでその率がさらに高くなってきているとのことだ。ペナック先生自身の朗読本だけでなく、朗読CDが増えているのはこのこととも関係があるかもしれない。

ペナック先生は朗読がうまいだけでなく、自作の演劇を演じる役者でもあり、二〇〇六年二月には自作の『メルシー』で一人芝居を行っている。

フランスで「最も愛されている作家」（週刊誌『ル・ヌーヴェル・オプセルヴァトゥール』）と言われるペナック先生の本は、総計六〇〇万部売れたそうだ。一九九五年には高校の先生を辞めて、現在は作家活動に専念し、前述したように自作の劇にも出演している。なお本名はダニエル・ペナッキオニであり、作家になる前には文芸誌で似顔絵を描いていた。道理で初対面のときにサイン代わりにすらすらとデッサンを描いてくれたわけだ。
末尾に、旧版の刊行以来のペナック先生の主な著書一覧を掲げて、多彩な活動ぶりを見ていただくとともに、本書刊行が多くの人が本好きになるきっかけになれば、翻訳した甲斐があるというものだが、ペナック先生が来日したら、うちの子に本を読んでもらおうかな。

二〇〇六年九月吉日　　浜名優美

一九九三年以後の主要著作（特に注記のないのは小説）
『カモ少年と世紀の名案』（カモの冒険シリーズ）一九九三、ガリマール。（少年小説）
『一〇〇パーセントの血、吸血鬼の目覚め』一九九三、ガリマール。
『マロセーヌ氏』一九九五、ガリマール。
『キリスト教徒とモーロ人』一九九六、ガリマール。
『劇場のマロセーヌ氏』一九九六、ガリマール。
『子ども諸君』一九九七、ガリマール。（ピエール・ブートロン監督により映画化、一九九七。平岡敦訳、白水社、二〇〇〇）
『パッションフルーツ』一九九九、ガリマール。
『放蕩』二〇〇〇、フュチュロポリス・ガリマール（漫画。画はタルディ）

『いい風呂にはいってね、坊やたち』二〇〇一、ガリマール。(子ども向け)
『ローラースケートをはいたワニ』二〇〇一、ガリマール。(子ども向け)
『電気蛇』二〇〇一、ガリマール。(子ども向け)
『独裁者とハンモック』二〇〇三、ガリマール。
『カモ少年と謎のペンフレンド』二〇〇四、著者自身による朗読のCDオーディオ版、ガリマール。
『カモ少年と世紀の名案』二〇〇四、著者自身による朗読のCDオーディオ版、ガリマール。
『メルシー』二〇〇四、ガリマール。(同年に、クロード・ピエプリュ朗読のCDオーディオ版。二〇〇六年二月にロン・ポワン劇場で著者自身の出演で上演。ガリマールDVD版あり)
『片目のオオカミ』二〇〇五、著者自身による朗読のCDオーディオ版、ガリマール。

＊本書は、一九九三年に刊行された『奔放な読書』の新版である。

著者紹介

ダニエル・ペナック (Daniel Pennac)

1944年，モロッコのカサブランカ生まれのフランス人。児童文学，エッセイ，推理小説，純文学のいずれも同時にこなす作家。『人喰い鬼のお愉しみ』（原著1985，中条省平訳，1995）『散文売りの少女』（原著1989，平岡敦訳，2002）『カモ少年と謎のペンフレンド』（原著1992，中井珠子訳，2002，以上白水社）など邦訳も多い。

訳者紹介

浜名優美（はまな・まさみ）

現在，南山大学総合政策学部教授。主な訳書として，ブローデル『地中海』全５巻（藤原書店，1991-5）などがある。

木村宣子（きむら・のぶこ）

現在，南山大学地域研究センター勤務。

浜名エレーヌ（はまな・えれーぬ）

現在，椙山女学園大学人間関係学部教授。

ペナック先生《せんせい》の愉快《ゆかい》な読書法《どくしょほう》——読者《どくしゃ》の権利《けんり》10ヵ条《じゆつかじよう》

1993年３月25日　初版第１刷発行©
2006年10月30日　第２版第１刷発行

訳　者　浜名優美ほか
発行者　藤原良雄
発行所　株式会社　藤原書店
〒162-0041　東京都新宿区早稲田鶴巻町523番地
電話　03(5272)0301
FAX　03(5272)0450
振替　00160-4-17013
印刷・製本　中央精版

Printed in Japan
ISBN4-89434-541-2